AF220243

Originalausgabe

Herstellung und Verlag: BoD – Books on Demand, Norderstedt
ISBN: 9783756230839

Bodhichitta

Der Erleuchtungs-pfad

In Erinnerung an Shantidevas Paramitas

Inhaltsverzeichnis

1. Vollendete Wesen   S. 11

2. Leiden   S. 23

3. Bodhisattva Schule   S. 32

4. Altruismus   S. 42

5. Scheitern und Zweifeln   S. 53

6. Paramitas   S. 61

7. Dharmauniversen   S. 69

8. Der Pfad   S. 83

1. Vollendete Wesen

Wir verneigen uns vor denen, die den Weg zu Ende gegangen sind und den Ausweg aus allem Leiden lehren. Wir verneigen uns vor den großen Wesen, die auf diesem Weg dem Ziel schon nahe sind. Wir verneigen uns vor denen, die ihre ganze Lebenskraft einsetzen, um Orte zu schaffen, wo wir den Weg zum Nirwana erlernen können.

Ich werfe mich in den Staub und nehme Zuflucht zum Buddha, nehme Zuflucht zum Dharma und nehme Zuflucht zur Sangha.

Ich öffne mein Herz in Liebe und Dankbarkeit für all meine Lehrerinnen und Lehrer. Ihre Lehren sollen mein Pfad sein und meine 5 Skandhas sollen der Ort sein, an dem sie zur höchsten Blüte reifen.

Ich werfe mich vor dem Bildnis Buddhas zu Boden und nehme die dreifache Zuflucht. Zehntausende Male habe ich das schon getan und will es tun bis zu meinem letzten Tag. Dreifach schwöre ich, was ich schon oft schwor und bis zu meinem letzten Atemzug schwören will: den Bodhisattva Schwur.

Erwachen. Erleuchtung. Befreiung. Viele Worte haben wir für das Erreichen Nirwanas. Kein existierendes Wort wird dem gerecht. Selbst das Wort Nirwana ist nur eine Worthülle, die niemals erfassen könnte, was unser Siddhattha Gotama verwirklichte. Aber um dem historischen Buddha grenzenlose Wertschätzung entgegenzubringen, wollen wir es als Symbol für das „Höchste" verwenden.

Die Buddhas lieben alle Wesen. Zu leicht wäre es für sie im ewigen Glück zu verweilen wie die höchsten Götter. Doch sie lehren die Wesen durch ihr Beispiel und durch weise Güte, damit diese selbst den Weg beschreiten können, der sie zur höchsten Blüte eines glücklichen Lebens führt.

Die Buddhas bleiben in der Welt des Leidens. Wie könntet ihr ihnen keine Wertschätzung entgegen bringen? Sie sind wegen euch in der Leidenswelt geblieben. Wegen euch!?! Sie tun es aus Mitgefühl zu euch. Denn mit allem was ihr macht, tut ihr etwas, weil ihr eure Probleme lösen wollt. Doch in eurer Unwissenheit zieht jeder Versuch sie zu lösen, neue Probleme nach sich. Die Buddhas besitzen die Weisheit, um Probleme dauerhaft aufzulösen. Deshalb solltet ihr ihnen Dankbarkeit entgegen bringen und die Chance nutzen, von ihrem Dharma zu kosten.

Maitri, Karuna, Mudita und Upeksha lehrte der Shakya Buddha. Jede Buddhina würde es genauso tun. Sie sind auch ein Mahnmal für die Unwissenden, die glauben, die Buddhas hätten kein Interesse an den Problemen, Sorgen und Nöten der Menschen. Aber sie sorgen sich! Ihre Lehre von den vier Grenzenlosen ist ihre Medizin für eine kranke Gesellschaft.

Bodhi strahlt hell und blendet die Verblendung mit Weisheit davon. Güte handelt. Also nährt eure Güte und handelt zum Wohl aller Wesen. Das Mahayana sagt, jedes Lebewesen hat Buddha-Natur. Die Buddhas sind zu ihrer wahren Natur geworden. Sie haben sich über alles Elend der Welt hinaus entwickelt. Sie haben alle Anhaftungen losgelassen und sind in grenzenloser Freiheit erwacht.

Die einen sagen, Shakyamuni war schon erleuchtet, als er geboren wurde. Die anderen sagen, in seinem Leben hat er es sich hart erarbeitet. Nach dem Erwachen war es, als ob er immer erwacht war. Es wirkte, als ob die Buddha-Natur in ihm schon immer rein gestrahlt hatte. Vor dem Erwachen war es, als ob er nie erwacht war. Beides ist eine Position zu verstehen und in beidem wirkt Bodhichitta. Also bleibt, was vor und nach dem Erwachen wichtig ist und das ist Bodhichitta. Denn das ist der Erleuchtungsgeist.

Der Vollendetete sah über die Welt. Es sah die Wesen, die bereit waren, die Lehre aufzunehmen. Er sah die Wesen, die sich nach der Lehre der Erwachten sehnten. Aber er sah auch die große Masse an Wesen, die keine Vorstellung hatten, dass es einen Ausweg aus dem Leiden gab. Er sah, wie viele so stark in Unwissenheit gefangen waren, dass es viele Leben bräuchte, um sie auf den Heilsweg zu führen. Manche würden Kalpas brauchen, um zu verstehen, dass der achtfache Pfad zum Nirwana führt.

Ehrliche Praxis transformiert. Wir sind, wie wir sind, aber nicht wie wir uns wahrnehmen. Wir sind wirklich wahr, aber frei von einem inhärenten Selbst. Ihr müsst akzeptieren, dass wir uns über unseren jetzigen Zustand hinaus entwickeln können. Auf diesem Pfad wandeln wir gemeinsam. Wir wandeln dabei nicht mit einem inhärenten Selbst, aber wir wandeln als Sangham.

Der Vollendete ließ sein Löwengebrüll über den samsarischen Dschungel ertönen. Es war so laut, dass es bis heute nachhallt. Überall in der Welt bezeugen die Hörerinnen die Macht in Buddhas Worten.

Heute folgen hunderte Millionen dem Dharma. Buddhas Weisheit ist für sie zum Schutzdach geworden. Sie alle haben begriffen, dass vollendete Wesen existieren. Das Leben Buddhas ist ihr Beweis, dass der Pfad vollendet werden kann, der aus dem Leiden in die vollständige Befreiung führt. Sie wissen, dort draußen warten vollendete Wesen, um ihnen zu helfen, ein besseres Leben zu führen.

Shakyamuni wird der historische Buddha genannt, weil er Spuren in unseren Geschichtsaufzeichnungen hinterlassen hat. Aber er war nicht der einzige. In der

Menschheitsgeschichte, die nicht aufgeschrieben wurde, wird es viele wie ihn gegeben haben. Sie erwachten und belehrten ihre Familien und Stämme. Ihre Geschichten sind für uns verloren, weil niemand sie aufschrieb. Aber sie müssen da gewesen sein. Denn der Pfad ist mit Weisheit überall in dieser Welt und zu jeder Zeit beschreitbar.

Ihr könntet auch vollendete Wesen werden. Das müsst ihr akzeptieren. Der Weg mag euch weit erscheinen. Vielleicht ist er das sogar, weil eure Anhaftung und Verblendung noch groß sind. Aber das ändert nichts an der Tatsache, dass jeder von euch erwachen kann.

Jedes Wesen trägt die Buddha-Natur. Diese Wahrheit verkündet das Mahayana seit über tausend Jahren. Aber es ist egal, ob es verkündet würde oder nicht. Fest steht: jedes Lebewesen trägt die Buddha-Natur in sich. Jedes Lebewesen kann Bodhichitta entwickeln und den Dharmapfad vollenden.

Buddha hat erklärt, woran sich voll Erwachte erkennen lassen. Folgt also nicht den Verblendeten, die sich für erwacht oder erleuchtet halten. Ich warne euch, davon gibt es viele. Lernt das Kalama-Sutta auswendig. Schon zu Buddhas Lebzeiten war die Schar der Religionen groß. Nutzt euren logischen Menschenverstand. Nehmt das Kalama-Sutta als Orientierung. Vollendete sind, waren und werden sein. Aber bleibt vorsichtig, euch nicht von Verblendeten in die Irre führen zu lassen.

Die Welt ist voll von Irrwegen. Lasst euch gewarnt sein! Auch ich bin auf sie reingefallen. Auch ich bin ihnen gefolgt und habe dabei fast mein Leben verloren. Aber es gibt auch den Pfad der Buddhas. Das ist wahrer Dharma. Es ist der Pfad, auf dem ihr die Wahrheit des Leidens erkennt und auf dem ihr lernt, wie ihr das Leiden überwindet.

Es gibt diesen Pfad. Buddhas Leben ist der Beweis, dass er vollendet werden kann. Begreift, dass ihr in eurem Kern nicht anders als Shakyamuni seid. Egal woher ihr kommt, wie euer Geschlecht ist, wie eure Bildung, wie groß euer Schatz oder sozialer Stand ist; genau wie Shakyamuni habt ihr die Buddhina-Natur in euch! Also könnt auch ihr den Pfad vollenden und erwachen.

Anuttara Samyak Sambodhi ist seit Buddha Shakyamunis Lebzeiten das sprachliche Symbol für die höchste, perfekte Form des Erwachens. Viele Lehrer lehren den Unterschied von Buddhas, Pratyekas und Arhats. Ich weiß nicht, ob es diesen Unterschied wirklich gibt. Denn wie könnte es Unterschiede im Nirwana geben? Was stimmt, ist, dass wir Siddhartha unsere Tradition verdanken. Dafür sollten wir ihm Dank und maximale Wertschätzung entgegenbringen.

Hunderte Millionen Menschen folgen heute Siddharthas Lehre. Sie alle haben die Bedeutung seiner Realisation verstanden. Ja, ich selbst bin überzeugt, der Buddha-Dharma ist die Lehre, die dieser Erde das höchste Glück und den stabilsten Frieden bringen kann. Keine andere Religion oder Ideologie wäre dazu imstande. Der Buddha-Dharma kann uns in echten Frieden führen!

Buddha hat Glück und Frieden gepriesen. Sein Weg unterscheidet sich allerdings von den Irrwegen, auf denen das nicht zu erreichen ist. Er will beides nicht auf eine verblendete Art erreichen. Sein Weg besteht aus Weisheit, Erfahrung und Erkenntnis.

Weisheit ist ein entscheidendes Element des Buddhismus. Ihr müsst euch deshalb pausenlos im Verstehen üben. Weisheit, Erkenntnis und Verständnis gehören hier untrennbar zusammen. Ihr braucht sie jeden Tag, um euer Leben zu organisieren. Genauso braucht ihr sie auf dem Dharmapfad.

Die Weisheit des Dharma ist allerdings von höherer Natur als die Alltagsweisheit. Es ist wichtig diesen Unterschied zu verstehen. Gleichzeitig haben beide auch etwas gemeinsam, denn sie brauchen beide viel Übung. Es ist eine Übung, die sich lohnt. Denn mit mehr Weisheit wird euer Leben glücklicher und besser werden.

Buddha lehrte, der achtfache Pfad ist keine Leiter, der mit dem ersten Glied beginnt und mit dem Achten endet. Zwischen allen Gliedern besteht Interdependenz. Aber sowohl Samma-Ditthi als auch Samma-Samadhi sind nur mit Weisheit und Erkenntnis zu vervollkommnen. Aber das gilt eben auch für die anderen Teile. Wie sollten eure Rede, eure Taten, eure Absichten und euer Lebenserwerb vervollkommnet werden ohne Weisheit? Es ist nicht möglich!

Also wenn ihr den Buddhas Dankesopfer bringen wollt, dann tut es. Wenn ihr euch niederwerfen wollt, dann tut es. Wenn ihr es aber tut, weil ihr zu faul seid, Weisheit und Erkenntnis zu erlangen, dann betrügt ihr euch. Denn das ist kein Buddha-Dharma.

Ihr müsst verstehen lernen. Denn ihr müsst begreifen, was die Unterschiede sind. Seht euch diese gigantisch, große Welt an. Allein jetzt leben mit euch gemeinsam viele Milliarden Menschen auf dieser Erde. Sie folgen vielen verschiedenen Traditionen, Religionen und Ideologien. Wie wollt ihr ohne richtiges Verstehen erkennen, welche davon euch schützt und heilt? Wie wollt ihr ohne Weisheit verstehen, was vollendete Wesen sind? Wie wollt ihr sie erkennen?

Buddha hat es uns leicht gemacht. Er hat seine Lehre auf das Wesentliche reduziert. Wie die Hand voll Blätter ist, so sind es mehr Blätter an den

Bäumen eines Waldes. Buddha hat uns die Lehre so gelehrt, indem er auf das Wichtigste und Entscheidendste direkt zeigt. Versteht das und ihr versteht den Pfad.

Konzentriert euch auf das Wichtige. Das sind die vier Wahrheiten! Denn ihr wollt nicht leiden. Habe ich recht? Die vier Wahrheiten lehren den Ausweg aus dem Leiden. Der achtfache Pfad ist euer Pfad. Buddha hat ihn vollendet und wurde so ein vollendetes Wesen. Wenn ihr den achtfachen Pfad vollendet, dann werdet auch ihr vollendete Wesen werden.

Buddha ist ein Ehrentitel für Shakyamuni. Aber alle vollendeten Wesen sind Buddhas. Denn sie haben Ehre erlangt, indem sie sich aus dem Strom Samsaras befreit haben. Versteht bitte die Worte vollendet und Wesen richtig. Versteht was Anatta ist und versteht was mit dem Wortteil Samma gemeint ist, der vor jedem Glied des achtfachen Pfades steht.

Wir wollen uns noch einmal in Ehrfurcht verneigen. Unsere Welt ist gesegnet. Denn ein historischer Buddha hat seine Lehre klar und verständlich hinterlassen. Das ist das größte Geschenk, dass wir uns vorstellen könnten. Denn es gibt uns die Chance, seine Lehre zu studieren und selbst Vollendete zu werden.

2. Leiden

Leiden ist wahr. Alles Leiden hat Ursachen. Es sind die Buddhas, die lehren, wie die Ursachen des Leidens für immer aufgehoben werden. Es sind die Buddhinas, die uns die Hand reichen und uns einladen, den Pfad der Befreiung zu beschreiten.
Leugnet nicht, was Wahrheit ist. Denn Selbstlügen führen in einen Abgrund, der noch mehr Leid bringt. Aber die Wahrheit heilt. Die Wahrheit heilt das Leid und befreit!

Schwer wiegt das Herz im Angesicht des endlosen Leids, welches die Wesen täglich ereilt. Geschlagen. Getreten. Vergewaltigt. Ermordet. Wenn du deine fühlende Weisheit öffnest, weißt du, es geschieht jetzt in diesem Moment millionenfach.

Das junge Bodhiherz schreit und erbleicht bei dieser Übermacht an Leid. Die großen Bodhisattvas zweifeln nicht mehr. Das Leid berührt sie, aber es raubt ihnen keine Kraft. Sie wissen, es ist seit Jahrtausenden so und sie wissen, es könnte anders sein. Ihr Wirken will dieses Anderssein erreichen. Ihr Wirken will das Leiden heilen.

Jetzt in diesem Augenblick wird ein Mensch erschlagen. Jetzt in diesem Augenblick wird eine Frau vergewaltigt. Jetzt in diesem Augenblick wird ein Kind ermordet. Jetzt in diesem Augenblick wird ein Tier geschlachtet und schreit dabei um sein Leben und empfindet den größten Schmerz, den ihr euch vorstellen könnt. Jetzt in diesem Augenblick geschieht Gewalt, Mord und schlimmeres.

Stürme an Gefühlen peitschen das Weltenmeer auf und treiben die Menschen in Kriege und Katastrophen. Wie ein Schauspieler lebt der Bodhisattva in diesen Stürmen, denn sein Herz bleibt unabgelenkt auf die Erleuchtung gerichtet. Er erkennt die Leerheit jeder Wesenheit.

Samsara kreist. Leben gebiert Leben. Jedes Leben nähert sich mit jedem Augenblick dem Tod. Lebensketten aus lebend gebärenden Wesen prägen Samsara. Inhärenz ist unfassbar unwahr, denn die Seienden sind aus den Gebärenden geboren. Es waren jene, die ihr Leben hingaben, ohne die die Seienden nicht wären. Leid häuft sich zu Weltenbergen auf.

Wähne dich nicht sicher in deinem Körper. Denn Krankheit kann in jedem Moment deines Lebens über dich kommen. Du bist dafür jederzeit anfällig. Sei offen für Medizin und die beste Heiltechnik, aber sei dir gewahr, dass du vergänglich bleibst. Nutze den Schmerz und die Ohnmacht, die dein kranker Körper dir bereitet, um dir den Wert des Dharma zu vergegenwärtigen. Er gibt dir die Kraft, um die dunklen Stunden des schleichenden Selbstverlustes weise durchzustehen.

Du wirst unausweichlich Krankheit erleben. Jedem deiner Gefährten wird sie ins Gesicht springen. Ihr könnt ihr nicht entkommen. Doch ihr könnt vom Unausweichlichen die Lektionen der Weisheit lernen und euer ganzes Wesen mithilfe der Weisheit transformieren. Findet innere Stärke, die frei von Anhaftung an Körper und Geist ist. Sie kann euch heilsam durch die Trübsal des Schmerzes und der Niedergeschlagenheit führen.

Alter, Krankheit und Tod sind eine Lektion. Jede Sekunde können sie euch ereilen und euch alles nehmen, was ihr für beständig haltet. Ob ihr wollt oder nicht, sie werden eure Lehrmeister sein. Bereitet euch ernsthaft auf ihre Lektionen vor. Denn sie werden kommen und euch alles abverlangen.

In allem steckt der Leidenskeim. Erst die Erwachten haben ihn getilgt. Deshalb habt Mitgefühl mit jedem Wesen. Denn jedes Wesens Taten können ohne Vorwarnung der Quell für dessen Unglück sein. Bereitet euch auf die harten Tage vor!

Weinend saßt ihr nächtelang. Aufgebläht war euer Ego und kannte nur seinen eigenen Schmerz. Nehmt euch an, aber erkennt die Größe des Schmerzes, der in der Welt existiert. Seht wie viele weinen, wie ihr weintet. Versucht ihnen zu helfen und eure Tränen werden trocknen und zu heilendem Balsam für euch und andere werden.

Euer Herz schlägt. Es erlebt Schmerz. Dieser Schmerz wird euch ein Leben lang begleiten. Euer Herz spürt auf eine unbewusste Art auch den Schmerz der Welt. Ihr könnt euch nicht davor verschließen. Die Welt, die euch hervorgebracht hat, bleibt ein Teil von euch bis zum letzten Atemzug. Ihr Schmerz ist euer Schmerz und euer Schmerz ist ihrer. Das ist der zweite Grund, weswegen der Bodhisattva sein Gelübde ablegt. Der erste Grund ist das Wohl aller Wesen.

Das Herz schlägt und sucht für sich den Ausweg aus allem Schmerz und dem endlosen Leid. Da es verbunden ist; sucht es auch für die ganze Welt den Ausweg aus dem Leiden. Bodhichitta ist das erwachte Herz. Es sucht und wagt Schritte auf dem Pfad. Es will heraus aus dem Schmerz, heraus aus dem Leid und heraus aus all den Sorgen und Problemen. Es läuft direkt hinein in ein Leben vollkommener Leidfreiheit. Es läuft in ein Leben voll erwachter Weisheit.

Alles untersuchen und beleuchten die Bodhisattvas mit ihrer mitfühlenden Weisheit. Seien es die Naturwissenschaft, Technik, Medizin oder Künste, nach selbst der kleinsten Ursache für Leid halten sie Ausschau. Haben sie die Ursachen gefunden, betrachten sie jedes Detail und jede Auswirkung. Sie analysieren alle Eigenschaften und suchen nach einem Weg, den Leid verursachenden Aspekt aufzulösen oder zu transzendieren.

Den Bodhisattva großes Streben hat die Erkenntnis des wahren Ausmaßes an Schmerz erschlagen, der in jedem Moment auf der Erde zugefügt wird. Die Erkenntnis, dass der größte Teil davon vermeidbar gewesen wäre, verstörte ihn. Ja, wir sollten rausgehen und allen erklären, wie sie leben können, ohne anderen Schmerzen zu zufügen. Ja, wir können das Leiden beenden. Weisheit versteht das tiefste Wesen des Leidens und kann Gegenmittel entwickeln. Diese Weisheit zu finden, ist das Lebensziel der Bodhisattvas geworden.

Eure Ichs sind stark. Wenn ihr es in diesem Leben nicht schafft, ihre Leerheit zu durchschauen, dann nutzt diese Stärke wenigstens für etwas heilsames. Fühlt in euch das Leiden der anderen nach. Versteht, wie ihr an ihrer Stelle fühlen würdet. Überlegt dann, wie ihr die Probleme an ihrer Stelle lösen würdet. In euch liegt ein riesiges Potential. Es ist das Potential zu erwachen. Selbst das größte Leid kann dieses Potential nicht zerstören. Nicht einmal die größte Macht aller Welten wäre dazu imstande. Denn es ist die Buddha-Natur.

Leiden ist, aber Leiden ist nicht euer wahres Selbst. Deshalb erkennt die Wahrheit eures Wesens und zerstört alle Selbstlügen. Ja, viel zu viele Lügen bestimmen euer Leben und diese Lügen verursachen

Probleme. Das müsst ihr erkennen, falls ihr eines Tages wirklich grenzenloses Glück erfahren wollt. Schaut auf den Weg, der hinter euch liegt. Wie oft wurde euch im Nachhinein klar, dass ihr einer Lüge gefolgt seid?

Leiden existiert. Diese fundamentale Wahrheit ist unausweichlich. Leugnet diese Wahrheit nicht; denn diese Lüge würde neues Leid erzeugen. Zu viele leugnen ihr Leid. Sie beginnen ihr Leid als Glück zu bezeichnen. Geht raus, schaut nach!

Es sind viel zu viele, die sich so selbst belügen. Das sind die, die beginnen wegen ihrer großen Angst, Hass zu entwickeln. Angst und Hass verursachen ihnen große psychische Schmerzen. Doch sie beginnen, sich mit ihrem Hass wohlzufühlen. Er fügt ihnen immer weiter seelisches Leid zu, aber sie finden sich damit ab. Einige beginnen dann sogar zu glauben, der Hass wäre ihr wahres Wesen und deuten ihn als eine Form von Glück.

Dann sind da jene Wesen, die Rauschmittel nehmen, weil sie sich ungeliebt und unsicher fühlen. Sie glauben Alkohol, Drogen oder viel Sex könnten ihre Einsamkeit, Langeweile oder Unsicherheit beenden. Aber tatsächlich werden diese Gefühle so immer größer. Sie brauchen dann immer mehr Rauschmittel. Dabei wird ihre Gesundheit zerstört, genauso wie ihr heilsames Karma.

Diese Menschen belügen sich selbst und ihre Selbstlügen stürzen sie ins Unglück. Jede kann durch logisches Nachdenken verstehen, dass Hass und Gier Unglück hervorrufen. Aber wieso denken nur so wenige gründlich nach? Wieso wundern sie sich dann, wenn die Scheiße über ihnen wieder zusammenstürzt?

Hass und Gier sind nur zwei Gründe für Leid. In der Welt gibt es noch viele mehr. Sie warten darauf euch mit Leid zu überschütten, wenn ihr ihnen nicht ausweichen könnt. Ihr wisst, dass daran kein Zweifel besteht. In eurem Leben habt ihr es schon oft am eigenen Leib erfahren. Auch die Geschichtsbücher beweisen es. Sie sind voll von grausamen Kriegen und Katastrophen.

Hunger, Krieg und Seuchen sind die großen Gräuel der Menschheit. Selbst nach Jahrtausenden der Zivilisation bleiben sie eine ständige Gefahr. In unserer Zeit der technischen Revolutionen kommen die Umweltgifte und der Klimawandel hinzu. Sie alle bedrohen unsere Existenz.

Neben den richtig großen Gefahren gibt es noch viele mehr. Gewalt und Vergewaltigung geschehen jeden Tag auf der Erde. Kein Mensch ist davor sicher. Diebstähle sind Alltag in allen Teilen der Erde. Jede von euch kann sicher viele Geschichten von Lug und Betrug erzählen, die ihr selbst erlebt habt.

Sich all dieses Leid zu vergegenwärtigen, ist Angst einflößend. Aber die Folgen es nicht zu tun, wären schlimmer. Sich selbst zu belügen, dass es kein Leid und keine Gefahren gibt, wäre dramatisch. Ob ihr es wollt oder nicht; ihr werdet leiden! Deshalb macht euch die Gefahr bewusst. Denn wenn ihr über das Leid nachdenkt, dann werdet ihr es verstehen lernen. Wenn ihr das Leid und seine Ursachen verstanden habt, dann könnt ihr Gegenmittel entwickeln.

Warum sonst sollte das Leid die erste Wahrheit der Buddhas sein? Sie ist es einzig aus dem Grund, es aufzulösen. Denn der Geschmack allen wahren Dharmas ist Befreiung. Diese Befreiung meint immer zuerst die Befreiung vom Leid. Der Pfad der Befreiung beginnt mit dem Verständnis, was alles Leid ist.

Schaut auf eure Leben! Seht euch jedes Detail eures Dasein an. Untersucht jeden Augenblick eures Alltags. Was darin ist leidhaft? Woraus entsteht euer Leid? Wie fühlt es sich an? Ihr seid begabt genug, zu verstehen. Vertraut darauf! Seid euch sicher: wenn ihr das Leid verstehen könnt, dann könnt ihr auch Gegenmittel entwickeln. Es ist dann nur eine Frage der Zeit, bis sie fertig sind und wirken können.

Leiden ist! Das war Siddharthas Botschaft seit seiner ersten Lehrrede. Diese Erkenntnis setzte das Rad der Lehre in Bewegung. Aber er hat es nicht gelehrt, um uns zu verunsichern, traurig zu machen oder um uns zu schockieren. Sondern er hat es gelehrt, weil mit der Erkenntnis dessen, was Leid ist, der Weg zur Auflösung des Leidens beginnt. Samma-Ditthi meint das richtige Erkennen oder das korrekte Verstehen. Erkennt das Leid richtig, denn das wird euer Ausgangspunkt sein, um es eines Tages vollkommen aufzulösen.

Deshalb führt der Weg des Dharma direkt ins Leid hinein. Viele Unverständige glauben dann, der Buddhismus wäre reiner Pessimismus. Aber wie könntet ihr das glauben? Seht euch die lachenden Buddhas an! Seht euch die ernsthaft Praktizierenden an, wie glücklich sie sind. Der Pfad der Buddhas führt zur Auflösung des Leidens! Aber das Leid lässt sich nicht auflösen, indem ihr davor weglauft. Mit vier Wahrheiten begann der Buddhismus. Seid euch dieser vier Wahrheiten bei jedem Schritt eures Erleuchtungspfades bewusst!

3. Bodhisattva Schule

Ihr wollt Bodhisattvas werden und wisst nicht, wie ihr beginnen sollt? Dann werft euch erstmal viele tausend Mal nieder und schwört den Bodhisattva Schwur. Tut das solange bis eure Knie Hornhaut bekommen und ihr als erstes nach dem Aufwachen aus dem Bett steigt und euch automatisch niederwerft und schwört zum Wohle aller Wesen eine Bodhisattva zu werden.

Die Bodhisattvas helfen! Mag sein, dass sie beten und sich niederwerfen, um Zuflucht zu den drei Kleinodien zu nehmen. Aber in erster Instanz leben sie, um zu helfen. Es ist, wie der Bodhisattva himmlischer Friede lehrte: zu helfen ist besser, als den Buddhas Gaben darzubringen. So konzentrieren sich die Bodhisattvas darauf, eine Welt zu schaffen, in der jedes Wesen ausreichend Nahrung und Medizin besitzt. Sie schaffen eine Welt, die den Wert des Buddha-Dharma zu schätzen weiß.

Kleine, reine Träume einer heileren Welt sind die ersten Tropfen Bodhichittas. Sie kommen nachts oder am Tag als Tagträume mit wachen Augen. Die echte Welt, in der die jungen Bodhisattvas leben, erstickt am Staub des Unglücks. Sie erstickt im Elend ihrer Verblendung, aus der heraus ein Problem nach dem anderen wächst. Der Wunsch nach dem

Erwachen aus dem Problem schaffenden Wahn wird zu einem Wunschgebet, der im Studium der Weisheit endet.

Der Bodhisattva langer Atem übte die Geduld. Er übte sie, indem er mit den schwierigsten Fällen arbeitete und half ihre Wunden zu heilen. Es waren Wahnsinnige, Triebtäter und Suizidale, deren Geistesschmerzen so groß waren, dass jeder Tag ihres Lebens eine Qual war. Der Bodhisattva hörte zu und schenkte ihnen echtes Mitgefühl. Er hörte zu, um die Ursachen ihrer Leiden zu verstehen. Denn Buddha Shakyamuni hatte gelehrt: hören die Ursachen des Leidens auf, dann wird auch das Leid aufhören zu entstehen.

Der Bodhisattva großes Herz half den Geflüchteten. Sie waren Opfer des Krieges geworden. Ihre Häuser waren zerbombt. Ihre Wälder und Felder waren vermint. Der Bodhisattva wollte jedem von ihnen helfen. Den Großteil seinen Tages organisierte er Notunterkünfte und verteilte die Spenden. Abends saß er mit ihnen zusammen und hörte sich ihre Sorgen und Geschichten an.

Sie wollte eine Bodhisattva werden. Seitdem sie die Mahayana-Lehre das erste Mal vernommen hatte, war in ihrem tiefsten Wesen etwas in Resonanz gegangen. Genauso war es mit dem Leid der Tiere. Es berührte ihr Herz. Sie gab ihren Job auf, um für weniger Geld in einem Tierheim zu arbeiten. In ihrer Freizeit organisierte sie Demos. Gemeinsam mit ihren Freunden wollte sie dafür kämpfen, dass die Tiere nicht mehr als Produkte behandelt würden.

Verzweifelt saß die kleine Bodhisattva da. Die Welt, in ihrer unermesslich erschreckenden Größe, schlug über ihr zusammen. Wie Meru wog das Gewicht ihres Wunsches zu helfen auf ihren Schultern und gleichzeitig war das Meer ihrer Verstrickungen unendlich groß. Immer öfter in letzter Zeit verzweifelte die kleine Bodhisattva. Sie schüttelte unschlüssig ihren Kopf. Ratlosigkeit machte sich in ihr breit. Sie sah keinen Ausweg. Sie hatte keine Ahnung, wie es weitergehen sollte. Mit gesenktem Kopf saß die kleine Bodhisattva da und nuschelte unablässig und kaum hörbar immer und immer wieder den Bodhisattva Schwur. Wenn sie auch sonst nichts tun könnte. Den Bodhisattva Schwur, alle Wesen aus dem Leiden zu retten, würde sie rezitieren bis zu ihrem letzten Atemzug.

Auf Erleuchtungspfaden wandeln die Bodhisattvas und streben nach dem Glück aller Wesen. Sie realisieren, dass weder ihr Wesen, noch der anderen Wesen inhärent ist und deshalb jede Beziehung zwischen ihnen nur wie Schein ist. Aber dennoch ist der Lebenswandel aller Bodhisattvas geprägt vom Altruismus. Sie widmen ihren Dienst den Wesen, die im Leid gefangen sind.

Bei allem, was die Bodhisattvas tun, überlegen sie genau, wie heilsam es ist. Ist diese Tat eine Verschwendung des kostbaren Augenblicks, weil es offensichtlich ist, dass etwas möglich ist, dass heilsamer, weiser und gütiger wäre. Auch ihr müsst ernsthaft überlegen. Wägt eure Taten ab und wählt die Heilsamsten!

Selbst inmitten der größten Menschenmenge solltet ihr euer Bodhichitta kultivieren. Tut es genauso in der einsamsten Höhle. Setzt euch hin und starrt an die Wand. Lasst alles Gesehene Bodhichitta werden. Erinnert euch an die Legenden von Bodhidharma und Asanga. Sie haben ihr Retreat bis zum Maximum getrieben, um zu finden, was sie suchten.

In der Masse blühen die starken Bodhisattvas auf. Aber ist euer Bodhichitta noch ein zartes Pflänzlein, dann hütet euch. Schnell greift Gier nach eurem Wesen. Zu leicht erliegen die jungen Bodhisattvas dem Duft des Ruhmes. Noch schneller werden sie erschüttert von Angst. Wenn die Angst erst in ihnen ist, dann wird bald Hass folgen. Macht euer Bodhichitta so stark, dass es allen Weltenstürmen trotzen kann.

Seit unendlichen Kalpas wandert euer Karmastrom schon umher. Stellt sicher, dass er stets in den Furten der Bodhisattva Pfade wandelt. Legt eure Bodhisattva Gelübde ab. Tut es in diesem Leben. Tut es in den kommenden Wiedergeburten und vertraut darauf, dass eure Bodhisattva Schwüre aus früheren Leben euch führen!

Ihr zweifelt, doch es ist euch gegeben, den Bodhisattva Schwur zu erfüllen. Noch immer beschuldigt ihr die Welt. Doch ihr versteht nicht, dass die Welt so schlecht ist, weil so viele gezweifelt haben, dass sie ihren Bodhisattva Schwur erfüllen können. Ihr müsst besser sein. Zweifelt niemals! Denn es ist möglich, ihn zu erfüllen.

Euer gutes Herz schlägt in eurer Brust. Ihr fühlt und manchmal denkt ihr, dass ihr die einzigen seid, die so fühlen. Aber viele Bodhisattvas haben allein begonnen, den Dharma zu praktizieren. Wenn es sein muss, dann beginnt allein. Vielleicht müsst ihr das tun, vielleicht wollt ihr es sogar so tun. Beginnt aus eurem guten Herzen zu leben, selbst wenn die ganze Welt dagegen ist.

Es gibt Heilung. Die Bodhisattvas wollen die fünf Skandhas heilen. Sie wollen die Körper heilen. Sie wollen die Gefühle heilen. Sie wollen die Gedanken und das Bewusstsein heilen. Sie wollen die Wahrnehmung von ihren Verzerrungen und Fehlwahrnehmungen kurieren. Denn es gibt den Weg der Erlösung, den Weg des Erwachens. Die Bodhisattvas wollen heilen. Sie wollen den Weg zum Erwachen vollenden.

Sich darüber Gedanken zu machen, ob der Bodhisattva Pfad der Höchste, Niedrigste oder Schnellste ist, wäre unangemessen. Es wäre ein Ausdruck des Zweifels und des fehlenden Anstands. Diese Art zu denken steht nicht im Einklang mit der letztendlichen Wahrheit Nirwanas. Im Dhammapada zeigt Shakyamuni der ganzen Welt, dass er auf dem Bodhisattva Pfad zum Anuttara Samyak Sambodhi gelangt ist. Wählt eure Schritte weise!

Wenn andere sich nicht trauen, sich das Gewicht der ganzen Welt auf die Schultern zu laden, um Verantwortung zu übernehmen. Dann laden sich die Bodhisattvas das Gewicht mehrerer Welten, die sie im Wiedergeburtenkreislauf durchwandern werden, auf die Schultern. Denn die Bodhisattvas sind mutig. Es ist die Leuchtkraft Bodhichittas, das die Bodhisattvas beflügelt. Bodhichitta ist der Herz-Geist und dieser Herz-Geist ist alles, was die Bodhisattvas sind. Sie leben ihn vollkommen aus und üben mit ihrer gesamten Energie und Kraft. Jeder ihrer Gedanken wird aus Bodhichitta geboren.

Sie vervollkommnen Bodhichitta solange, bis sie zu den höchsten Bodhisattva Stufen aufgestiegen sind. Aber dann beginnen sie erst richtig mit dem Üben anzufangen. Denn jetzt praktizieren sie härter und ernsthafter als je zuvor. Sie machen sich auf zu Anuttara Samyak Sambodhi.

Ihre Tatkraft ist Virya Paramita und ihr Antrieb ist Prajna Paramita. Leid macht ohnmächtig, wenn ihr keine Hoffnung mehr seht. Lasst deshalb die Buddha-Natur, die in allen Wesen ist, eure Hoffnung sein. Der Buddha Same in jedem Wesen bedeutet die Möglichkeit, dass jedes Wesen erwachen kann. Es ist das Erwachen, das Hass, Gier und Dummheit komplett auflöst. Es ist das Erwachen, das diese Welt vom Leiden befreit.

Bodhisattvas sind jene, die verstanden haben, dass sie und alle anderen Buddha-Natur besitzen. Sie wissen, es muss viele Buddhinas auf dieser Erde gegeben haben. Selbst wenn sie nicht in den Geschichtsbüchern stehen. Sie wissen, es gab sie und sie haben keinen Zweifel, dass viele mehr kommen werden.

Erwacht! Erwacht von der Illusion, die euch klein halten will. Erwacht im Strahlen Bodhichittas. Erwacht; denn euer wahres Selbst ist die Buddha-Natur. Löst die Lügen über die Inhärenz eures Wesens auf. Löst den Glauben auf, Gier und Hass könnten glücklich machen. Sie bringen nur Leid. Erkennt die Macht befreiender Weisheit. Strebt nach dieser Weisheit und erwacht.

Prajna Paramita hat viele Generationen von Bodhisattvas geleitet. Groß ist das dreitausendfache Weltensystem. Irgendwo ist euer neues Karma lebendig geworden. Vielleicht ist alles neu und verwirrend. Es wirkt immer noch wie ein Sumpf, in dem es sogar noch nebelig ist. Was könntet ihr tun, um inmitten einer unbekannten Welt stets den heilsamen Pfad zu wählen? Es ist die Prajna Paramita. Sie ist euer Kompass. Sie ist eure Landkarte und euer GPS. Ihre Weisheit und Erkenntnis sind das Licht, das euch den richtigen Weg weist.

Wie könnte eine Praktizierende die Wahrheit Shakyamunis verstehen und etwas anderes wollen, als eine Bodhisattva zu werden? Ich halte es für unmöglich! Ich glaube, die Buddhisten, die einen anderen Weg wählen, haben nie das grenzenlose Mitgefühl Siddharthas verstanden.

Versetzt euch in diesen jungen Mann, der seine Frau und sein neugeborenes Kind zurückließ. Ich bitte euch vergegenwärtigt euch seine Gefühle und seine Absicht. Er tat es, weil er nach dem Ausweg aus dem Leiden für alle Wesen suchen wollte. Das war Bodhichitta in Perfektion. Das war die Art, wie Bodhisattvas handeln.

Warum erwachte der historische Buddha in Indien. Denn es wird seitdem viele wie ihn auf der Welt gegeben haben. Vielleicht war die Zeit günstig oder Indien war zu dieser Zeit tolerant und offen für neue Gedanken. Sicher musste auch die Sprache weit genug entwickelt sein. Im mittelalterlichen Europa wäre jeder Mensch, der die Buddha-Weisheit gelehrt hätte, unterdrückt oder ermordet worden. Denn es bedrohte die Macht der Kirche fundamental. Deshalb wäre zu dieser Zeit nur der Pratyekapfad möglich gewesen. Aber Indien zu Buddhas Zeit war offen für seine Gedanken. Es war bereit sich von logischen Argumenten überzeugen zu lassen, statt im Amen von Dogmen Gewalt zu säen. Deswegen müssen wir Bodhisattvas aktiv eine tolerante und friedliche Gesellschaft aufbauen. Denn in ihr kann der Dharmapfad blühen und Menschen vollkommen erwachen.

Ja, der Bodhisattva Pfad umfasst alle Aspekte der Gesellschaft. Denn um eine heile, erwachte Gesellschaft zu schaffen, muss sie von all ihrem Hass, ihrer Gier und Dummheit gereinigt werden. Die Bodhisattvas werden deshalb auch Politiker, Ärztinnen, Wirtschaftsmagnaten, Polizistinnen und Sozialarbeiter.

Die Bodhisattvas sehen, wie ihre Taten in der Zukunft viele Leben retten und wie ihre Pläne die Leben von vielen Wesen verbessern. Das war es auch, was Siddhartha sah, als er auszog in die Hauslosigkeit. Natürlich ist das zu einem großen Teil Fantasie und Wunschdenken. Aber es ist eben auch unser Bodhichitta, das über die Zeit hinaussehen kann, um Wunder zu bewirken.

Ihr seid hiermit aufgerufen, euren Beitrag zu einer heilen und gerechten Gesellschaft zu leisten. Wenn ihr dazu bereit seid, dann ist der Bodhisattva Pfad für euch geeignet. Es ist der Pfad, auf dem wir lernen, wie wir die Lebewesen in ein Leben des leidfreien Glücks begleiten. Also übt! Seid fleißig und praktiziert die Paramitas. Vervollkommnet Bodhichitta. Klettert die Bodhisattva-Stufen rauf. Heilt die Welt!

4. Altruismus

In einer Welt, in der jeder jedem hilft, wird euch geholfen werden, wenn ihr Hilfe braucht. Also helft so viel ihr könnt. Helft, denn ihr werdet irgendwann auch Hilfe brauchen. Helft, weil es sich gut anfühlt. Helft, weil es Spaß macht zu helfen. Helft, weil es richtig ist, zu helfen.

Im Kreislauf der Wiedergeburten muss jedes buddhistische Wesen verstehen, dass die Hilfe für die anderen auch die Hilfe für einen selbst ist. Denn schafft ihr eine bessere Welt, werdet ihr in dieser leben, wenn ihr darin wiedergeboren werdet.

Das Helfen soll allen Bodhisattvas als Basis gelten. Gebt Dinge, zerstört die falschen Ängste und lehrt Dharma; das, so sagte der himmlische Friede, wären die drei Arten des Helfens. Er hatte recht und doch gibt es Millionen mehr.

Seid kreativ Bodhisattvas! Es gibt ungeahnte Möglichkeiten, die Welt schöner zu zaubern. Malt. Schreibt. Gestaltet die Architektur der Innenstädte neu; geht weg von der naturfeindlichen, herzlosen und grauen Tristesse. Geht hin zu einer ganzheitlich, altruistischen Lebenswelt. Selbst das Helfen zu lehren, ist echtes Helfen.

Was könnte die Energie in euch schlimmes tun, wenn sie nicht auf das Wohl aller Wesen ausgerichtet ist? Worin soll sich eure körpereigene Energie verwandeln, wenn ihr sie nicht immer wieder auf das Wohl aller Wesen ausrichtet? Was soll aus euch werden, wenn ihr kein mitfühlendes Herz habt?

In euch schlägt ein fühlendes Herz, wie es in Billionen Wesen dieser Erde schlägt. Es schmerzt, wenn man euch schlägt. Es schmerzt, wenn man euch tritt, erschießt oder ersticht. Jedes fühlende Herz fühlt diesen Schmerz. Wenn ihr wollt, dass dieses Leid euch erspart bleibt, müsst ihr einen Weg finden, um zu verhindern, dass irgendein fühlendes Herz geschlagen, getreten, erniedrigt, erstochen oder erschossen wird.

Helft euch selbst und lernt so anderen zu helfen. Helft anderen und löst dadurch eure eigenen Sorgen auf. Helfen ist die Antwort auf endlos viele

Probleme. Helft und euch wird geholfen. Helft und und ihr werdet lernen, euch selbst zu helfen.

Seid nicht zu stolz, aber dient den Wesen mit aller Kraft. Erwartet nichts, denn es ist nur euer ichbezogener Stolz, der sich davon Ruhm und Ehre verspricht. Aber so lässt sich weder euer eigenes, noch das Leiden der anderen heilen. Helft mit liebender Güte und der grenzenlosen Kraft des Gleichmuts.

Jeder Schmerz kann in Erkenntnis umgewandelt werden. Jedes Mitgefühl könnt ihr zu tatkräftigem Altruismus werden lassen. Das sind die täglichen Aktivitäten der Bodhisattvas. Sie machen keinen Tag Pause. Es gibt für die wahren Bodhisattvas keinen Zweifel, dass das der einzige Pfad ist. Virya Paramita ist das unaufhörliche Streben des Erleuchtungsgeistes. Die Bodhisattvas streben in jedem Moment ihres Lebens nach Bodhichitta. Sie tun es in jedem Leben!

In Leerheit auf Erden wandelnd erkennen sie der Wesen Wesen und die Ursachen, die sie im Leidgefüge gefangen halten. Dann versenken sie sich tief in die Wirklichkeit der Welt. Sie erkennen und verstehen und entwickeln Mittel, um den Wesen aus ihren schmerzhaften Verstrickungen heraus zu helfen.

Die höchste Form des Gebens kennt keinen Geber, keine Gabe und keinem, dem gegeben wird. Der

Pfad des Dharma ist das wahre Gesicht des Dharma. Wenn eine Übende ihn wahrhaft wandelt, ist das Sangham. So ist es mit allem.

Gebt und lebt mit Mitgefühl, aber handelt immer im Einklang mit Prajna Paramita. Das andere Ufer; das Nirwana, ist lebendig: gate, gate, paragate, parasamgate bodhi svaha. Strebt also fleißig. Strebt im Einklang mit der Weisheit der Buddhas aller drei Zeiten!

Stellt euch eine Welt vor, in der das Helfen zur höchsten Tugend erhoben wurde. In dieser Welt machen die Schüler*innen ihren Schulabschluss im aktiven Helfen. An den Universitäten müssen alle Student:innen Kurse im aktiven Helfen bestehen. Bei den Sportwettbewerben sind die Sportaktivitäten des aktiven Helfens die Beliebtesten und die größten Gewinne an den Börsen erwirtschaften die altruistischen Unternehmen.

Altruismus hat die Kraft, die Welt zu verändern. Seit Generationen bewundern wir Idole, die versuchen, die Welt zu verändern. Was wir genau bewundern, ist, dass sie die Welt besser machen wollten. Aber was anderes als Altruismus würde die Welt in ihren besten Zustand verwandeln?

Wir werden als hilflose Wesen geboren. Wir sind auf enorme Unterstützung angewiesen, bis wir selbstständig geworden sind. Unsere Leben beginnen mit Altruismus. Denn es ist die Hilfe, die wir als Kleinkinder erfahren. Deshalb sollten wir diese Hilfsbereitschaft zu unserem Ideal machen. Sie hat uns ins Leben geführt. Sie kann uns durchs Leben begleiten.

Verblendete glauben, Altruismus gäbe es gar nicht. Sie entwickeln kranke Theorien, wonach Altruismus Selbstbetrug oder versteckter Egoismus wäre. Sie tun das, obwohl sie als Kinder gehegt und gepflegt wurden. Natürlich tun es die Egos auch für sich selbst. Aber das würde nie das riesige Ausmaß an Hilfsbereitschaft erklären, das jetzt auf dieser Erde lebendig ist.

Natürlich betrügt sich jedes Wesen selbst, solange es nicht zu voller Weisheit erwacht ist. Aber das meinen diese Kritiker des Altruismus nicht. Sie meinen, die Helfenden würden sich selbst berauben. Aber mit diesem Argument beweisen sie nur, dass sie voll von Habgier sind. Sie begreifen nicht, dass manche nicht an materiellen Dingen anhaften. Sie begreifen nicht, dass manche gern und aus vollem Herzen geben.

Helfen macht glücklich. Es macht die glücklich, denen geholfen wird. Denn ihr Leid verringert sich. Es macht auch die glücklich, die helfen. Denn sie fühlen sich gebraucht. Es macht sogar die Welt glücklicher. Denn eine extrem hilfsbereite Welt ist stabiler und friedlicher. Eine friedliche Welt ist eine glücklichere Welt. Denn im Frieden werden die höchsten Glücksformen geboren.

Helft, wann immer ihr könnt. Wenn ihr die höchsten Dharmalehren noch nicht versteht, dann macht das zu eurem Credo. Gebt dem Helfen selbst noch vor den Opfergaben und dem Niederwerfen den Vorzug. Helft, so viel ihr könnt. Ihr dürft dabei gern bei euren Familien und Freunden anfangen. Helft ihnen. Werdet ihr Schutzschild und Auffangnetz. Gebt ihnen das Gefühl, dass ihr immer da sein werdet, um ihnen beizustehen. Es wird eure Beziehungen schöner zaubern. Dann könnt ihr anfangen, dem Rest der Welt zu helfen.

Wenn wir helfen, dann müssen wir ein Ziel haben. Dieses Ziel ist wichtig, denn wir müssen unsere Handlungen darauf ausrichten. Wir müssen daran messen können, ob wir dem Ziel näher kommen. Unser Ziel ist uns mittlerweile klar. Wir wollen das Leiden aller Lebewesen verringern. Das ist unser großes Ziel. Genauso sind Frieden, Sicherheit und Glück unsere Ziele. Sie zu erreichen, verringert das Leid der Lebewesen. Das sind unsere Unterziele. Ich glaube daran, dass die Bodhisattvas fähig sind, alle diese Ziele zu erreichen!

Bodhisattvas folgen ihren mitfühlenden Herzen. Manche sagen sogar, es ist das mitfühlende Herz, dass die Bodhisattvas gebiert. Hört auf euer Herz! Blendet das Geschrei der Welt aus. Versucht euch ganz davon zu lösen und dann hört auf die Stimme, die aus eurem Herzen kommt.

Altruismus ist ein schönes Wort. Es ließe sich Stunden darüber philosophieren. Aber über Altruismus zu philosophieren, wäre kein Altruismus. Es wäre subtiler Selbstbetrug. Altruismus ist das Helfen. Natürlich müsst ihr euch überlegen, wie ihr am besten helfen könnt. Ihr müsst herausfinden, wie ihr am schnellsten, effizientesten, nachhaltigsten und dauerhaftesten helfen könnt. Aber das ist kein tatenloses philosophieren. Das ist das Streben nach der heilsamsten Form des Helfens.

Überlegt es euch, wie schön es wäre. Schaut es euch mit eurem inneren Auge an, wie schön es wäre, wenn wir alle uns immer helfen würden. Ich glaube, wir können das wahr machen! Derzeit halten uns Zweifel, Ängste und mangelndes Verständnis davon ab. Wir müssen diese Hindernisse aus dem Weg räumen. Tatsächlich müssen wir einen Weg finden, diese Dinge zu überwinden, damit die Hilfsbereitschaft auf der Erde sich weiter steigert.

Beginnt zu helfen, so gut ihr könnt. Wenn ihr noch nicht die Kraft habt, rauszugehen und Berge zu versetzen. Das meint, viele große Friedensdemos zu organisieren, Filme über das Helfen oder den Dharma zu drehen oder an die Universität zu gehen, um einen Doktortitel zu erlangen, der euch befähigt nach großen Lösungen zu streben. Wenn ihr diese Kraft noch nicht habt, dann fangt kleiner an.

Denn selbst wenn ihr diese Kraft noch nicht habt, gibt es viele andere Möglichkeiten zu helfen. Ihr könnt die Vögel füttern. Ihr könnt für kranke Bekannte den Haushalt machen. Ihr könnt in die Wälder und Felder gehen und den Müll aufsammeln oder ihr könnt kostenlose Nachhilfe im Gemeindezentrum anbieten. Es gibt wirklich viele Wege zu helfen.

Fürchtet euch nicht, den Weg des aktiven Helfens zu gehen, weil ihr euch schämt oder andere darüber lachen könnten. Diese Welt ist noch nicht erleuchtet. Tatsächlich ist sie stumpf, krank und verblendet. Aber das ist sie, weil in der Vergangenheit die Menschen zu wenig oder falschen Altruismus praktiziert haben. Ihr könnt das ändern! Ihr könnt die Bausteine für eine bessere, heilere und klügere Welt legen.

Altruismus ist der Weg zu den anderen. Es ist der Weg zueinander. Alle, die diesen Weg schon gegangen sind, wissen, es ist auch der Weg zu einer neuen Form der Selbsterkenntnis. Denn wenn wir uns auf die anderen wirklich einlassen, um ihnen so besser helfen zu können, dann lernen wir uns auch auf eine neue Art zu sehen. Das ist ein riesiger Gewinn. Es steigert unser Selbstbewusstsein und kann ein Grund sein, um noch mehr zu helfen.

Was brauchst du noch, um endlich mit dem Helfen anzufangen? Was für Gründe sind noch nötig? Hör auf nachzudenken und fang an! Wenn du hilfst, wird dir geholfen. Beim Helfen wirst du über dich hinauswachsen. Aber lass den Hauptgrund für deinen Altruismus deinen wachen Herz-Geist sein. Handle mit dem Mitgefühl Bodhichittas.

5. Scheitern und Zweifeln

Ihr werdet scheitern und ihr werdet verzweifeln, solange ihr nicht Anuttara Samyak Sambodhi verwirklicht habt. Findet euch damit ab. Das ist das Gesetz Samsaras. Hört auf, euch vorm Scheitern zu fürchten. Habt keine Angst vorm Zweifel. Akzeptiert das Unausweichliche. Vollendet den achtfachen Pfad der Buddhas, um über alle Zweifel hinauszugehen.

Ich rate euch, nehmt die drei Juwelen als euer schützendes Dach an! Sie werden euch nicht vor den Problemen bewahren können, solange ihr noch nicht Anuttara Samyak Sambodhi verwirklicht habt. Aber sie werden euch ein Dach sein, dass euch vor den Wassermassen der Sorgen und Zweifel schützen kann. Sie werden euch ein Anker sein, damit ihr nicht ziellos auf dem Weltenmeer umhertreibt. Nehmt diese Zuflucht! Denn selbst wenn die dunklen und harten Stunden kommen, werden euch die drei Juwelen Segen und Trost spenden.

Bevor euer Glauben felsenfest ist, lebt in euch subtiler Zweifel. Es hilft, sich auf Bilder der Buddhas zu konzentrieren. Euer Zweifel entsteht aus eurer Sinnlichkeit. Ihr braucht den direkten Sinneskontakt, damit ihr den höheren Mächten gewahr werdet. Nehmt die Bildnisse und Statuen der Buddhas als einen Pfad, um die Wahrheit Nirwanas vollkommen annehmen zu können. Nutzt auch Räucherstäbchen als Brücke, um euch im Meditieren zu üben.

Ihr liebt und deshalb werdet ihr Leiden. Denn Leiden ist das Gesetz Samsaras. Jedes Wesen, dass ihr liebt, wird Leid erfahren. Das wird euch Schmerz und Sorgen ohne Ende bringen. Ja, das ist eine Art zu scheitern. Viele gaben deswegen auf. Auch euch wird das passieren. Wenn ihr jetzt stolz denkt, dass wird euch nicht passieren, dann habt ihr noch nicht genug Problemen gegenüber gestanden. Was ist, wenn dann die Probleme über eure Welt wie eine Walze hinwegrollen? Spätestens dann werdet ihr erfahren, wie sich Niederlagen anfühlen. Im Gepäck dieser Niederlagen kommen dann Angst und Zweifel. Sie werden als Stürme in euren Herzen toben.

Leid begegnet jedem Wesen. Ich sah das tränende Auge vor dem gewaltsamen Tod. Ich sah es und es berührte mich. Ja, auch ich hätte es sein können, der dort starb. Ja, das ist eine aufwühlende Erkenntnis. Aber das war es nicht, was mich wirklich bewegte. Es war die Erkenntnis, dass dieses Wesen ist. Es lebt, fühlt, spürt und weiß, dass man ihr das Leben rauben will. Leider ist die Zahl der Lebewesen gigantisch, die allein heute auf unserem Planeten gestorben sind. Wie groß davon ist der Anteil der Wesen, deren Tod gewaltsam oder sinnlos war? Wie viele von ihnen haben nicht die Wahrheit des Buddha-Dharma in diesem Leben erkannt und sind damit verdammt im nächsten Leben übermäßig zu leiden?

Schmerz und Probleme kennt ihr zur Genüge. Verurteilt mich nicht, wenn ich euch die Nachricht überbringe, dass noch mehr kommen werden. Schmerz, Leid und Not sind das Gesetz Samsaras. Deswegen ist es so leicht zu verzweifeln. Ich verstehe, wenn euch das frustriert und ihr aufgeben wollt. Aber selbst wenn ihr aufgebt, wird euch das Leid einholen; sei es in diesem oder den nächsten Leben.

Ja, Leid und Schmerz sind unausweichlich, solange ihr ein Teil der samsarischen Wandelwelt seid. Siddhartha war diesem Gesetz auch unterworfen, aber er strebte mit all seiner Kraft, um sich von diesem Gesetz zu befreien. Er war erfolgreich und erwachte. Er befreite sich von der Herrschaft Samsaras.

Lasst los. Lasst endlich los! Denn ihr klammert euch an alte Erinnerungen. Es sind diese quälenden, schmerzenden und aufwühlenden Gedanken, die euch seit Jahren gefangen halten. Sie quälen euch täglich. Dabei müsst ihr sie einfach nur loslassen. Also lasst los! Denn das Loslassen ist ein Weg, um sich vom Schmerz zu befreien. Leider ist es ein Weg für fortgeschrittene Übende. Ihr müsst das Loslassen erst lernen. Zum Glück gibt es noch viele andere Wege.

Erzeugt tief in euch die Erkenntnis, dass Bodhisattvas mit euch sind. Denn der Bodhipfad kann einsam sein, wenn man sich an die sichtbaren Formen klammert. Denkt an sie. Zwingt euch zu begreifen, dass sie dort draußen sein müssen und an euch denken, so wie ihr an sie. Sich an die anderen Pfadgängerinnen zu erinnern hilft. Es hilft den Anfängerinnen und den Fortgeschrittenen. Ihr wandelt auf dem achtfachen Pfad als Sangham!

Wenn der Zweifel euch quält, macht es manchmal Sinn sich abzulenken. Denn wenn ihr euch weiter auf den Zweifel konzentriert, dann wird er weiter wachsen. Das müsst ihr unbedingt verhindern! Tut alles, um den Zweifel nicht gewinnen zu lassen.

Es gibt viele Arten zu zweifeln. Aber welche Zweifel sind die schlimmsten? Der schlimmste Zweifel ist, dass es keinen Pfad gibt, der zur Befreiung führt und der Zweifel, dass es keine Wesen gibt, die diesen Pfad vollendet haben. Das ist der gefährlichste Zweifel. Er kann euch viele Kalpas ans Meer des Leidens fesseln.

An Buddhas zu zweifeln ist tragisch. Shakyamuni hätte sich nach seinem Erwachen einfach hinsetzen und im vollkommenen Glück Nirwanas darauf warten können, dass sein Körper vergeht. Aber er ging hinaus in die Welt, um den Suchenden zu zeigen, wie sie den Pfad der Befreiung beschreiten können. Das war eine außergewöhnlich edle Entscheidung gewesen. Wie könntet ihr an diesem Wesen zweifeln?

Zweifeln und scheitern ereilen euch oft gleichzeitig. Lasst euch von diesen Stürmen nicht von eurem Dharma-Willen abbringen, falls euer Geist von den Gedanken ans Scheitern aufgewühlt wird. Sobald Zweifel euch durchschütteln, werden die Verlockungen der Welt plötzlich sehr anziehend. Sie scheinen Linderung zu versprechen. Aber das sind nur Köder. Diese Verlockungen waren schließlich die Ursache für eure heutigen Probleme. Sie sind der Grund für euer scheitern und zweifeln. Wie könnten sie euch jemals zu wahrem, inneren Frieden führen?

Der Pfad des Buddha-Dharma führt zu stabilen Glückszuständen. Aber keine Verlockung der Welt ist dazu imstande. Klar, kurzfristig werden sie dafür sorgen, dass ihr euch traumhaft und perfekt fühlt. Aber so schnell wie diese Gefühle kommen, können sie wieder gehen. Klammert euch also nicht daran. Ihr würdet es bitter bereuen!

Die Vergangenheit: sie wog bei mir lange schwer und quälte mich Tag und Nacht. Ich weiß, vielen von euch geht es auch so. Die Vergangenheit hält euch gefangen. Sie lässt euch leiden. Alte Geschichten schmerzen. Quälende Erinnerungen sind wie

Geißeln. Aber ihr könnt euch befreien. Wenn auch nicht von allen, so habe ich mich von vielen schmerzenden Erinnerungen lösen können. Dazu habe ich viele verschiedene Methoden benutzt. Ihr könnt das auch tun. Was mir dabei klar wurde, ist, dass es möglich sein muss, sich von allen quälenden Gedanken der Vergangenheit zu befreien. Das wäre ein sehr befreiendes Gefühl!

Kehren wir zurück zum Scheitern und Zweifeln. Fokussieren wir uns für einen Moment komplett darauf! Beide sind wahr. Beide können uns die Beine weghauen und zu Boden reißen. Wir alle wissen, dass sie das wieder und wieder versuchen werden und wir alle wissen, früher oder später wird es ihnen gelingen. Egal wie hart wir trainieren, um nicht zu versagen. Es wird wieder passieren! Deshalb müssen wir uns darauf vorbereiten. Die richtige Dharma-Praxis gibt uns die Chance, nach jeder Niederlage wieder schnellstens durchzustarten.

Ich muss es euch noch einmal sagen: ihr werdet scheitern und ihr werdet zweifeln. Das ist aber nicht schlimm! Das ist das Gesetz Samsaras. Aber ihr dürft nicht aufgeben. Stellt euch darauf ein, durch dunkle Täler zu wandern. Stellt euch darauf ein, durch schwere Stürme zu segeln. Begreift, dass vor euch eine endlose Weite liegt, bis ihr den leuchtenden Stern Nirwanas erreicht. Das ist der Weg, der vor jedem von uns liegt. Aber es gibt

Befreiung am Ende dieses Pfades. Es gibt Erleuchtung und es gibt Erwachen.

Seid mutig und stellt euch eurer Angst! Seid weise und versteht das Wesen des Zweifels. Seid stark und lasst euch von den Niederlagen nicht unterkriegen. Ihr habt das Löwengebrüll des Siegers gehört. Ihr wisst, es gibt einen Ausweg. Ihr habt verstanden, dass Nirwana wahr ist. Fangt an zu begreifen, dass dieselbe Größe, die in den vollendeten Wesen erwacht ist, in euch wartet zu strahlen. Glaubt an euch! Lernt auf eure eigenen Kräfte zu vertrauen, wenn euch die Scheiße wieder über den Kopf gewachsen ist.

Glaubt an eure Buddha-Natur, wenn Zweifel euch durchschütteln. Studiert die buddhistischen Texte und geht zu Dharma-Vorträgen, um Strategien zu lernen, wie ihr heilsam mit Niederlagen umgehen könnt. Ihr seid auf diesem Pfad nicht allein. Es gibt die Sangha!

Es gibt einen Grund, warum Siddhartha die Sangha zu einem Zufluchtsort gemacht hat. In der Sangha findet ihr Gleichgesinnte. In der Sangha findet ihr Menschen, die euch in den Arm nehmen und euch eine Schulter zum Ausheulen geben. Vor allem aber könnt ihr in der Sangha von den anderen lernen, wie sie mit Niederlagen und Zweifeln umgegangen sind.

Vertraut Shakyamuni Buddha! Fürchtet euch nicht mehr. Er hätte nicht gelehrt, wenn seine Lehre euch nicht helfen könnte. Das wäre fies und gemein. Aber so war er nicht. Er hat den Buddha-Dharma gelehrt, weil er jeder von euch helfen kann mit Niederlagen und Zweifeln vernünftig umzugehen und darüber hinauszuwachsen.

Seht eurer Angst ins Gesicht. Wer ist sie anderes als ihr selbst? Warum fürchtet ihr euch vor euch selbst? Es macht keinen Sinn! Es führt zu nichts anderem als schlechten Gefühlen. Das ist natürlich leicht gesagt, aber es ist schwer, das zu lernen. Aber sobald ihr es gelernt habt, werdet ihr erkennen, dass es immer leicht gewesen wäre.

Ihr könnt über all euer Scheitern hinauswachsen. Dazu gibt es einen Pfad, der zu diesem Ziel führt. Es ist der achtfache Pfad. Er gibt euch genug Übungen, die euch helfen euer Scheitern und Zweifeln loszuwerden. Das sind die sechs Paramitas. Seid fleißig und übt sie. Ihr könnt mit ihrer Hilfe alles Scheitern und Zweifeln besiegen. Geht dazu den Pfad der Buddhas bis zum gelobten Ziel Nirwanas.

6. Paramitas

Göttlicher Friede war der Name, mit dem sie ihn ehrten, nachdem sie sein wahres Wesen erkannt hatten. Davor nannten sie ihn frisst, scheißt und schläft. Aber er hatte sie verzaubert und den falschen Schein entzaubert. Er führte sie zum heilen Herz Bodhichittas. Sechs Paramitas wurden die Eckpfeiler seiner Lehre. So kam es, dass seit den Tagen Shantidevas die Bodhisattvas Dana, Sila, Kshanti, Virya, Dhyana und Prajna zum Kern ihres Handelns machten, machen und machen werden.

Denkt nicht die sechs Paramitas wären der ganze Bodhisattva Pfad, aber denkt auch nicht, sie wären davon verschieden. Der Bodhisattva Pfad ist das Leben, dass sich ganz dem heilsamen Ziel widmet. Sie wollen alle Wesen von ihrem Leid befreien und in ein glückliches Leben des Dharmastudiums führen. Auf diesem Pfad solltet ihr wandeln. Auf diesem Pfad sind die sechs Paramitas eure Antriebskraft, euer Benzin und eure Flügel. Sie sind das Boot, dass euch zum Ufer der Befreiung führt. Sie sind das Raumschiff, das euch zu den Sternen Nirwanas bringt.

Vielleicht solltet ihr die sechs Paramitas studieren oder die zehn Paramitas. Vielleicht solltet ihr den achtfachen Pfad eingeteilt in drei Teile studieren oder achtfach den achtfachen Pfad. Vielleicht ja, vielleicht nein: entscheidet euch! Was auch immer ihr praktiziert, behaltet das Ziel im Auge: das Erwachen.

Allen Schmerz, alles Leid, alle Sorgen und Probleme, die ihr erfahrt, erfahren auch Milliarden andere Wesen. Diese Erkenntnis und diese Gefühle verbinden euch mit ihnen. Lasst die Suche nach heilsamen Lösungen eine weitere Gemeinsamkeit werden. Ihr seid nicht allein. Übt mit diesem Geist. Kultiviert die Tugenden mit dem Wissen, dass andere es auch tun!

Übt euch in der höchsten Disziplin. Geht immer wieder an eure Grenzen und geht darüber hinaus, aber immer nur zum Dienst für die Wesen. Sorgt euch um ihr Wohl. Kennt an euch selbst keine Vorzüge mehr, außer um den Leidenden zu helfen. Erwerbt euch mitfühlende Weisheit. Lebt mit echtem und heilsamen Mitgefühl.

Erwerbt euch Reichtümer ausschließlich, um die Wesen zu versorgen. Baut mit euren Gütern eine Welt, um die Hungernden und Frierenden mit Nahrung und Heimat zu versorgen. Entsagt euch allem wetteifern und strebt zugleich alles an, um euren Bodhisattva Schwur zu erfüllen.

Weil der Bodhisattva göttlicher Friede die sechs Paramitas lehrte, sollt ihr sie üben. Reiht euch ein in die Kette der Bodhisattvas, die über Jahrtausende zurückreicht. Ihr seid nicht allein auf diesem Pfad. Lernt die Geschichten der großen Bodhisattvas. Sie lehren euch heilsame Lektionen, um die Paramitas schneller zu vervollkommnen.

Heilsame Samen sprießen. Auch die Bodhisamen wachsen. Ihr müsst sie gießen und wässern. Lebt um zu geben. Nehmt, um Erleuchtung zu erleben. Wandelt eure Gedanken, Worte und Taten im Geiste des Dharma um. Vertreibt die Unwissenheit durch aufklärende Weisheit; euren Hass durch sinnvolles Verständnis und eure Gier durch die Erkenntnis des Dharma-Schatzes.

Vergesst nicht die kleinen Momente zu genießen und seht die kleinen, lieben Gesten, die schüchtern aus dem reinen Herzen kommen. Die Welt ist voll von Güte und Liebherzigkeit. In der Hektik des Alltags wird dies oft übersehen. Deshalb setzt euch hin und meditiert. Erwerbt euch vollkommene Achtsamkeit. Erkennt die Welt und erkennt euch selbst.

Sich in tiefe Versenkung begeben zu können, ist eine mächtige Paramita. Jene, die sich nicht konzentrieren können, sind wie Blätter im Wind. Der Weltenwind spielt mit ihnen. Nicht spielen sie mit der Welt. Sie sind das Spielzeug. Wohin sie der Wind weht, wissen sie nicht. Vielleicht haben sie Glück oder sie stürzen in einen tiefen Abgrund. In tiefer Versenkung könnt ihr euch richtig ausrichten.

So könnt ihr die acht Schritte auf dem Pfad bewusst setzen. Das ist eine gigantisch große Macht. Sie verleiht euch die Gabe, euer Leben voll bewusst bestimmen zu können.

Vergänglichkeit ist eine Grundwahrheit des echten Buddha-Dharma. Ichlosigkeit und Leiden sind zwei weitere. Ihr küsst ein Gesicht, vor dem ihr euch ekeln würdet, hätte es keine Haut. Ihr liebt einen Menschen, vor dem ihr wegrennen würdet, könntet ihr die Exkremente riechen, die jetzt in ihm sind. Wenn ihr liebt, dann liebt auf eine heilsame Art. Liebt, indem ihr für alle die ihr liebt, der Fels in der Brandung werdet.

Liebt, damit eure Liebsten glücklich und leidfrei leben können. Liebt nicht aufgrund sexueller Gier oder wegen so etwas wie sozialem Stolz. Das ist keine wahre Liebe. Liebt auf die heilsame Art der vier Grenzenlosen. Sie sind wahre Liebe.

Ihre weltlichen Namen sind Güte, Mitgefühl, Mitfreude und Gleichmut. Ihr wahres Wesen ist göttlich und grenzenlos. Nehmt ihre Praxis an. Sie sind die vierfache Paramita der Buddhaliebe. Macht sie zu eurer Tugend! Lernt diese Liebe grenzenlos in alle Richtungen auszustrahlen. Umarmt die Welt mit eurem Herzen. Lernt auf göttliche und überweltliche Art zu lieben.

Die Praxis der vier göttlichen Brahmaviharas ist uralt. Setzt euch zur Meditation hin. Beginnt mit der

Liebe zu euch selbst. Entwickelt Selbstliebe und liebt euch absolut. Dann tut dasselbe der Reihe nach für ein Wesen, das ihr mögt, das ihr unsympathisch findet und das euch fremd ist. Abschließend richtet eure Liebe auf die ganze Welt aus.

Tut das als nächstes mit Mitgefühl. Fühlt mit euch mit, dann mit jemand Geliebten. Tut es dann mit einem Unsympathischen, einem Fremden und zuletzt mit der ganzen Welt. Wiederholt das achtsam und konzentriert auch mit Mitfreude und Gleichmut. Diese kleinen Übungen können euer Herz heilig machen. Sie verbinden euch heilsam mit den anderen.

Die Welt kann heilen und jedes Lebewesen könnte glücklich und leidfrei leben. Um diesen Zustand zu erreichen, brauchen wir Menschen mit herausragenden Tugenden. Sechs sichere Tugenden empfiehlt euch Shantideva. Seid weise genug, seinem Rat zu folgen. Aber es lohnt sich nur, die sechs Paramitas anzunehmen, wenn ihr sie tief in euer Herz einladet und sie in jedem Augenblick übt.

Geben, moralisches Verhalten, Geduld, Tatkraft, Konzentration und Weisheit sind Tugenden, die ihr den ganzen Tag üben könnt. Jede Handlung, die ihr ausführt, kann im Einklang mit einer oder mehrerer Paramitas geschehen. Wartet ihr in der Einkaufshalle könnt ihr Kshanti üben. Macht ihr Sport, dann könnt ihr Virya üben. Lest ihr, dann könnt ihr Prajna üben.

Euer ganzen Leben wird so zu einem Übungsfeld, um euer Bodhichitta zu entwickeln.

Paramitas sind die Rüstung der Bodhisattvas gegen die weltlichen Stürme. Die Schlingfallen der Gier warten überall. Die Raketen des Hasses feuern ohne Pause. Das Giftgas der Verblendung will euren Verstand verzehren. Aber mit den Paramitas könnt ihr ihnen widerstehen und Schaden von euch abwenden.

Die Paramitas sind der Motor der Bodhisattvas. Denn der achtfache Pfad ist lang. Er ist voll von Bergen, die es zu erklimmen gilt. Um schnell voran zu kommen, braucht ihr einen leistungsstarken Motor. Um das Ziel schnell zu erreichen, braucht ihr ein schnelles Fahrzeug. Wenn die Paramitas zu eurem Motor werden, dann könnt ihr selbst das fernste Ziel erreichen.

Die Paramitas sind die Flügel der Bodhisattvas. Um zu den höchsten Stufen des Bodhipfades hinauf zu gelangen, braucht ihr Flügel. Die Paramitas können euch in die höchsten Lüfte und zu den fernsten Sternen tragen.

Ihr habt euer ganzes Leben Zeit, die Paramitas zu üben. Die Bodhisattva Tugenden zu erlernen, gibt euren Leben Sinn. Seht euch die Altgewordenen an, die erkennen, dass ihr Leben sinnlos war. Seht euch die Zweifelnden an, die an ihrem Daseinszweck zweifeln. Übt die Paramitas auf die Art, wie es

Shantideva empfohlen hat und verhindert damit, dass ihr auch dieses Elend durchleben müsst.

Ja, wir brauchen Sinn, um glücklich zu sein. Aber worin sollte der Sinn im dauerhaften Berauschen mit materiellen Dingen und kurzfristigem Glück liegen? Wie könntet ihr so für eure Familien und Freunde wahren Sinn erlangen? Aber tiefer Sinn schafft die Grundlage für tiefgründiges und langanhaltendes Glück. Überprüft wie lange das Glück nach einem Besäufnis hält. Ich habe es ausprobiert. Der Kater kam schon am nächsten Tag. Auch das Glück nach Sex und Reisen hielt nie lange an. Aber es gibt Glück, das lange hält und die Stürme der Welt überlebt. Deshalb wählt das Glück, dass aus tiefem Verständnis und moralischem Verhalten entsteht.

Die Paramitas haben einen Sinn. Die Paramitas erfüllen einen Zweck. Das müsst ihr begreifen. Denn wenn ihr versteht, warum ihr die Paramitas übt, dann wird euch das motivieren. Virya Paramita ist die Paramita der Motivation, Ausdauer, Disziplin und Willensstärke. Seid fleißig. Übt regelmäßig. Hinterfragt, warum ihr das tut und überprüft genau, wie erfolgreich eure Übungen sind.

Ihr müsst euch selbst reflektieren! Ihr müsst genau darüber nachdenken, was ihr getan habt und wie sehr es euch eurem Ziel nähergebracht hat. War es gut, dann wiederholt eure Übungen. War es schlecht oder habt ihr das Gefühl, dass ihr noch besser sein könntet. Dann verbessert eure Übungen.

Behaltet das Ziel vor Augen. Das wird euch antreiben, noch mehr zu tun. Desto besser ihr das Ziel versteht. Desto besser ihr versteht, wie euch die jeweilige Übung dem Ziel näherbringt. Desto mehr ihr das tut, desto schneller werdet ihr euch dem Ziel nähern. Unser Ziel als Bodhisattvas ist die heilsame Auflösung allen Leidens. Das Ziel aller Buddhisten ist die Vervollkommnung des achtfachen Pfades.

Ihr wollt Bodhisattvas werden. Das ist wunderbar. Ihr fragt euch, wie euer Leben als Bodhisattvas sein soll? Shantideva hat euch die Antwort gegeben! Er tat es vor über tausend Jahren. Seine Antwort waren die sechs Paramitas. Macht seine Worte lebendig! Versteht Shantideva richtig und lebt die Paramitas, wenn ihr echte Bodhisattvas werden wollt!

7. Dharmauniversen

Auf diesem kleinen Planeten praktizieren heute hunderte Millionen Menschen den Buddha-Dharma. Wie viele mehr sind es in den endlosen Welten? Wie viele mehr sind es in den zehn Richtungen? Wie viele mehr sind es in den drei Zeiten?

Endlose Weiten an Dharmawelten sah der weise Einsiedler mit seinem magischen Auge. Die Anzahl der Welten war gigantisch. Das dreitausendfache Weltensystem erstrahlte. Die Verschiedenheiten ihrer Dharmatraditionen waren noch größer. Dennoch waren sie alle auf das Ziel des Nirwana ausgerichtet und lehrten den Pfad, wie ihn einst Shakyamuni gelehrt hatte.

Die einen lehren die Schriften, die anderen nehmen den Pfad jenseits der Worte. Die Bodhisattvas wählen das Helfen und wie sie praktisch handeln, um alles Leid zu beenden. Manche gehen in die Einsamkeit, um ein vollendetes Wesen zu werden, dass dann der Welt hilft. Manche organisieren eine Sangha. Viele kommen und bringen Opfer, um den Buddha-Dharma zu ehren und ihr Karma zu verbessern. Noch mehr üben das meditieren.

Es gibt zahlreiche Möglichkeiten zu üben. Mantras, Mudras und Thangkas können als Mittel zur Versenkung genutzt werden. Visualisationen und Koans stimulieren die Gedanken der Menschen. Scheut euch nicht, so viele Methoden wie möglich auszuprobieren, aber seid ausdauernd bei einer Methode, wenn sie euch große Fortschritte bringt.

Jedes Wesen will glücklich sein. Es ist unsere Verblendung, die uns das nicht erkennen lässt. Es ist Verblendung, die uns nicht sehen lässt, wie wir alle zusammen unser Glück erlangen können. Habt Vertrauen! Auch andere streben nach dem Dharma. Geht gemeinsam! Helft und stützt euch. Zusammen lässt sich mehr erreichen.

Mitgefühl! Mehr braucht es nicht als lebendiges Mitgefühl, um die ersten Schritte auf dem Dharmapfad zu wagen. Ich verstehe nicht, was manchen daran so schwer fällt? Lasst euch einfach darauf ein! Hört den Wesen zu. Versucht sie zu verstehen. Empfindet nach, was sie erleben und spiegelt es in euren Herzen wider und schon fühlt ihr mit ihnen.

Zwischen uns gibt es endlose Verbindungen und zahllose Gemeinsamkeiten. Seht sie euch an. Sie sind euer Weisheitsspiegel. Selbst wenn ein Lebewesen weniger versteht als ihr, kann es euer Lehrer werden. Es belehrt euch mit seinem Leben. Selbst die kleinsten Wesen können euch lebendiges Mitgefühl lehren.

So viel neues haben die letzten Jahrhunderte gebracht. Neben all dem neu entstandenen Leid gab es auch Menschen, die auf der Suche nach Heilung und Güte wunderbare Wege erschufen, um zu helfen. Medizin, Politik, Maschinenbau, Musik, Wirtschaft und Psychologie entwickeln sich täglich weiter, um das Leiden der Welt zu lindern. Auch ihr könnt strebsam eifern, um die Welt des Dharma noch reicher und heilsamer zu machen.

All die verschiedenen Dharmatraditionen sind ein Schatz. Sie sind der kostbarste Schatz der Erde. Die einen sitzen einfach. Die anderen opfern, beten und werfen sich vor den Buddhas zu Boden. Es gibt jene, die studieren pausenlos die heiligen Texte. Dann gibt es die Bodhisattvas. Sie wollen das Leid aller Wesen beenden.

Aufstehen und am Dharma arbeiten; das bedeutet der fünfte Teil des achtfachen Pfades. Ohne Unterlass setzen sich die Bodhisattvas höhere Dharmaziele, bis das letzte Ziel erreicht ist und sie das Floß des Dharma ablegen. Sie tun das jede

Sekunde des Tages. Manche lernen sogar das Traumyoga, um selbst noch beim Schlafen aktiv Dharma zu praktizieren.

In Asien lehren sie die drei Fahrzeuge. Die alten Texte berichten, wie Buddha das Rad der Lehre dreimal drehte. Die alte Lehre erklärt den Pfad der Arhats bis ins kleinste Detail, damit die Fleißigen zielsicher Befreiung vom Leiden erlangen. Der Dreikorb bietet für jeden Menschen ausreichend Antworten.

Manche lehren gar neun Fahrzeuge. Aber all das ist nicht relevant für die Bodhisattvas. Studiert ihre Lehren und Texte, aber nutzt sie altruistisch. Versteht den Inhalt und zerbrecht euch eure Egos darüber. Aber lenkt eure neu gewonnene Weisheit in die Welt, damit sie möglichst vielen Wesen hilft. Seht hin, wie viele Dharmatraditionen es schon gibt. Die Dharmasiegel Anicca, Dukkha und Anatta findet ihr in allen.

Die Dharmawelten bestehen übrigens nicht aus den Buddhas. Dharma, also die Lehre, ist das, was die Dharmawelten besonders macht. Siddhartha sagte kurz vor seinem Tod zu Ananda: wer den Dharma sieht, sieht den Buddha und wer den Buddha sieht, der sieht den Dharma. Er lehrte seine Sangha höchstpersönlich, sich vollständig auf die Dharmalehre zu konzentrieren. Denn er versprach:

wo immer der Dharma lebendig ist, wird es Erwachte geben.

Manjushri ist zum Symbol des Weisheitslehrers geworden. Zweischneidig ist sein mitfühlendes Schwert. Eine Seite ist sanft, strahlt heilsam und beschützt. Diese Seite schneidet einzig mit der Schärfe des Geistes. Die andere Seite ist scharf, aber fügt nur Schmerzen zu, um den Wesen mit harten Herzen die Tugendlosigkeit ihres Handelns vor Augen zu führen.

Neben Manjushri gibt es viele Mahasattvas, die dort draußen auf euch warten. Sie alle wollen euch helfen. Das Mahayana berichtet von acht großen Bodhisattvas. Ihre wundervollen Namen sind Manjushri, Vajrapani, Padmapani, Maitreya, Kshitigarbha, Nirvanaviskambin und Samantabhadra. Folgt ihrem Vorbild. Öffnet eure Herzen für ihre Lehren.

Neben den zahlreichen Bodhisattva Mahasattvas können euch natürlich auch die geehrten Buddhas Leitsterne sein. In Tibet zeigen wunderschöne, farbenfrohe Thangkas die Buddhas Akshobhya, Ratnasambhava, Amitabha, Amoghasiddhi und Vairocana. Im Norden Europas tauchte die lila Buddhina auf, um mit ihren Lehren zu heilen. Shakyamuni erzählte uns von Dipankara.

Vergesst nicht die Götterwelten! Die Tibeter teilen die Welt in sechs Teile ein. Siddhartha belehrte seine

Schülerschar über die 31 Bewusstseinsebenen, von denen diese Welt nur eine Untere ist. Lest die Mahayana Sutras, die vom dreitausendfachen Weltensystem sprechen.

Erinnert euch, wie einst der große Brahma selbst unseren Shakyamuni Buddha motivierte, damit er die Menschen belehrt. Dieser Brahma hatte dafür seine Götterwelt verlassen, um in dieser Welt vor Buddha zu erscheinen. Begreift, dass Brahmas Götterwelt millionenfach größer als unsere Welt ist. Er machte sich so klein, um unseren Buddha zu bitten, für uns die Heilslehre zu verkünden. Seid euch also sicher, dass zahllose Götter und Göttinnen darauf warten, euch zu helfen.

Der meditierende Buddha ist sogar in dem Teil der Welt bekannt, die sonst keine Kenntnis vom Buddha-Dharma besitzt. Im Zen etwa sitzen sie einfach. Die Pragmatik des Zen ist sehr lehrreich. Denn sich verlierend in der Lehre der Leere kann passiv machen und die aktive Hilfe behindern. Es ist für manche Theoretiker sinnvoller zu helfen, als sich an die Bücher zu klammern. Die Wahrheit ist in beiden enthalten, aber der Weg der Praxis ist dem Menschlichen näher.

Die Zenleute fragen: was ist mein wahres Selbst? Aber die Bodhisattvas fragen sich: wie rette ich die Welt? Seht darin keinen Widerspruch. Überwindet die Dualität und durchschreitet das torlose Tor. In

Eisenvögeln flog der Dharma um die Welt. Dharma-Lehrer fanden offene Ohren in jedem Winkel der Welt. Warum wollten so viele den Dharma lernen? Hatten sie eine Verbindung aus früheren Leben? Oder wollten sie den Dharma lernen, weil sie seine große Heilkraft erkannt hatten?

Heute blühen Sanghas in allen Regionen der Erde. Überall üben Menschen sich im Meditieren. Die Erkenntnis vom Wert heilsamer Weisheit ist dabei, ein Allgemeingut zu werden. Es entstehen viel neue, heilsame Samen. Sie versprechen eine bessere Welt, wenn sie zu reifen beginnen. Bringen sie das globale Nirwana?

Bodhichitta lebt und wächst. Jene die Bodhichitta erweckten, wurden zu Bodhisattvas und gründeten erwachte Gesellschaften. Weisheit und Mitgefühl leben in ihnen. Zu lehren, ist eine der wichtigsten Säulen des Buddhismus seit der ersten Lehrrede Shakyamunis. Damals waren es nur fünf Schüler, die Buddha lauschten. Ihre Namen waren Kondanna, Vappa, Bhaddiya, Mahanama und Assaji. Der Erste, der durch Buddhas Worte voll erwachte, war Kondanna.

Die Welt ist voll von Menschen, die auf gute Art den Dharma lehren. Seid mutig, geht raus und hört ihnen zu. Ich habe in vielen Sanghas gesessen. Vielen Männern und Frauen habe ich gelauscht, wie sie den Dharma lehrten. Sie taten das auf verschiedenste Art und Weise. Trotzdem war ihr Dharma authentisch. Ich bin dankbar für ihre Lektionen.

Leider wurde die Lehre zu oft missverstanden. Es beginnt mit dem falschen Fokus. Weisheit und Erkenntnis sind das zentrale Element von Buddhas Lehre. Es ist nicht die Opfergabe und auch nicht das Niederwerfen. Es ist nicht schwerer Anatta ernsthaft verstehen zu lernen, als sich hunderte Male vor Buddhastatuen niederzuwerfen und Gaben darzubringen. Aber viele sind zu faul für diese geistige Arbeit und Lügen dann, sie könnten es nicht und es wäre zu schwer.

Manche sagten, es könnte nie mehr als einen voll erwachten Buddha geben. Die Leute glauben dann wirklich, es könnte in einem Kalpa nur einen Buddha geben. Das ist ein schreckliches Missverständnis. Es könnten zehn Milliarden menschliche Anutarra Samyak Sambodhi zeitgleich auf Erden wandern, aber es ist richtig, dass es nicht mehr als Einer wäre. Denn um es richtig zu verstehen, müsst ihr Anatta verstehen und begreifen, was die Leerheit eurer Egos bedeutet.

Die Buddhina erinnerte ihre Zuhörerinnen an den Traum vom globalen Nirwana. Dieser Traum wäre nur möglich, wenn alle seine Bewohner erwachen würden. Erinnert euch auch an Sukhavati und die Wege zu den Buddhafeldern. Der Dharma ist so reich, wie konnten so viele an der Lehre zweifeln? Der achtfache Pfad führt zum Erwachen! In manchen Zeiten zweifelten die Übenden, dass es überhaupt noch möglich ist, zu erwachen. Aber wo immer der Buddha-Dharma gelehrt wird, ist erwachen möglich.

Manche sprechen von ihrer Alleinheit. Sie behaupten, sie hätten sie erlangt und dann leben sie einfach so weiter. Aber hätten sie wirklich diese Alleinheit gefunden, also ich meine, würden sie wirklich mit allem verbunden sein, würden sie all den Schmerz fühlen. All das Leid, all den Kummer, all die Sorgen, die Gewalt und den Hass; würden sie das wirklich spüren, dann würden sie Bodhisattvas werden.

Seid achtsam und werdet euch der Zeichen gewahr. Die Heiligen erscheinen in den Zeichen eurer Kultur. Manchmal kommen sie als Zeichen eines Gottes, manchmal erscheinen sie als Zeichen, der großen finanziellen Gewinn verspricht. Aber sie werden erscheinen, denn ihr werdet gesehen. Sie reichen euch die Hand. Versteht sie nur richtig und folgt ihren Zeichen und das große Heil Nirwanas wird euch erwarten.

Nirwana ist das, was alle Dharma-Universen verbindet. Geboren ist dieses Universum, so wie jedes mögliche andere Universum auch. Aber Buddha sagte, Nirwana ist das Ungeborene. Er bewies mit seinem Leben, dass es lebendig ist. Werdet zu Nirwana, indem ihr euer wahres Wesen versteht, Anatta verwirklicht und vollkommen zu euch selbst werdet.

Lasst euch nicht von Dogmen gefangen nehmen, noch von Schismen verleiten. Es gibt keinen Unterschied zwischen uns. Das gilt für alle Buddhisten genauso wie für alle Nicht-Buddhisten. Es gibt keinen Unterschied zwischen uns und dennoch gibt es ethisches Verhalten. Seid euch dieser Wahrheiten bewusst.

Die Welt des Dharma wird wachsen. Die Zahl der Traditionen und Schulen wird sich vermehren. Das ist gut, denn die Welt wird dadurch reicher. Es gibt so viele verschiedene Menschen. Desto mehr Dharmatraditionen es gibt, desto wahrscheinlicher wird es, dass für jeden Menschen die Richtige dabei ist, die ihn auf den Pfad zum Nirwana führt.

Bleibt offen für andere Menschen. Klar, sie sind nicht perfekt. Klar, haben sie Fehler. Aber nehmt sie mit offenem Herzen wahr. Seid offen für ihre Wahrheit. Begegnet ihnen mit Mitgefühl und Verständnis. Versucht sie besser zu verstehen. Das wird euch bereichern und euch helfen, euch selbst besser zu verstehen.

Der Dharma ist eine lebendige Welt. Es geht in erster Linie nicht um die Bücher und Statuen. Es geht um die Wesen, die leiden. Siddharthas Ziel war es einen Weg zu finden, um den Menschen zu helfen. Sie waren der Grund für seinen Auszug in die Hauslosigkeit. Sie waren von Anfang bis Ende das Herz seiner Lehre.

8. Der Pfad

Acht Schritte vollendete Siddhartha, um vollständig zu erwachen. Seid ihr auch bereit diese acht Schritte zu gehen? Jeder Schritt ist ein Moment des Übens in Bodhichitta. Jeder Augenblick bietet die Chance das Herz von Befleckung zu reinigen. Es gab nicht einen Moment in zahllosen Kalpas, an dem ihr nicht hättet erwachen können und doch ist es nicht passiert. Also übt ohne Unterlass, bis ihr endlich vollständig erwacht.

Im Strom des Leidens werdet ihr ertrinken. Im Strom des Erwachens werdet ihr ans Ufer der Erlösung schwimmen. Lasst euren Seinsstrom frei fließen. Haftet nicht an guten oder schlechten Erfahrungen. Denn das Haften wird euch hindern, frei zu handeln. Lasst los! Seid achtsam und gewahr, wie euer Seinsstrom in Samsara fließt und fügt ihm nur die Ausrichtung auf den Bodhisattva Pfad hinzu. Das ist alles, was ihr in diesem Leben zu tun habt.

Ein achtfacher Pfad und vier edle Lehren brachten das Herz der kleinen Bodhisattva zum Glühen. Das war es und das war fast alles, was sie brauchte, um glücklich zu sein. Nur noch das Bodhichitta der großen Bodhisattvas fehlte ihr. Damit wäre ihr Leben dann komplett. Sie war bereit alle

Bodhisattva-Stufen hinaufzusteigen, um auf der Dharmawolke zu fliegen.

Der Bodhisattva sieht die Hungernden und Obdachlosen. Er spürt ihr Elend und versucht zu geben. Doch sein Besitz reicht nicht aus. Also beginnt er die Lehren des Wirtschaftens zu studieren, um einen Weg zu finden, wie ökonomisch alle mit Essen und Obdach versorgt werden können. Er ist fleißig und er rafft Geld, Schätze und Kostbarkeiten an. Aber nichts davon begehrt er. Allein um des Gebens willen hat er es angesammelt. Es gibt viele wie ihn. Sie alle handeln wie Anathapindika zu Zeiten Shakyamunis. Sie hängen sich Symbole Anathapindikas in ihr Haus. Manche tätowieren sie sich sogar, um sein Vorbild niemals zu vergessen. Viele dort draußen streben nach Reichtum, um Anathapindikas Vorbild nachzueifern. Denn dieser Schüler Buddhas sorgte sich um die Hungrigen und Armen und wurde zum Förderer der Sangha.

Viele Menschen haben der Bodhisattva ihre Geschichten von Depressionen, Zwangsneurosen und Paranoia anvertraut. Sie will Wärme geben und ihre psychischen Schmerzen lindern. Doch all ihr Tun reicht nicht tief genug und sie ist nur eine Person. Sie kann nicht all den psychisch Gebrochenen ihre Arme und Schultern geben, um sich auszuweinen.

Also geht sie in die Unis der Welt. Sie studiert die Lehren der Psyche, des Geistes und der Emotionen. Sie untersucht die Ursachen des geistigen Leidens und versucht sie aufzulösen. Denn wenn die Ursachen enden, kann auch das Leid nicht mehr entstehen. Aber sie forscht auch nach Methoden, um die Symptome zu lindern. Denn die psychischen Leiden der Welt müssen sich irgendwie heilen lassen!

Jeder Schritt kann ein Schritt auf dem Bodhisattva Pfad sein. Zu lange seid ihr ziellos gewandert und habt die Chancen verschwendet. Zu lange seid ihr durch die Welt gewandert und habt einen oberflächlichen und schädlichen Weg gewählt. Diese Zeiten müssen enden, wenn ihr wahrhaft Glück finden wollt. Setzt eure Füße auf den Bodhisattva Pfad und verlasst ihn nimmer mehr, bis ihr die höchste Stufe erreicht habt. Folgt ihm, bis ihr Nirwana verwirklicht.

Wenn wir die richtigen Dinge tun, dann wird sich alles Leid auflösen. Das ist das Versprechen, dass uns Siddhartha durch den Dharma gab. Mit seinem Erwachen hat er bewiesen, dass Nirwana lebendig ist. Wenn wir uns aber den falschen Dingen hingeben, dann werden die Probleme größer werden. Deshalb unterscheidet weise zwischen dem Heilsamen und dem Unheilsamen. Strebt heilsam nach einem leidfreien Leben.

Im Alltag greift der Alltagstrott an und verdunkelt euer Bodhichitta. Entscheidet was euer wahrer Weg sein soll! Was ist der tiefste Wunsch eures Herzens? Wollt ihr dem Rausch der Sinne folgen? Dann gebt euch dem Rausch hin. Aber glaubt nicht, dass er euch tiefes, langanhaltendes Glück bringen wird. Weder in diesem Leben, noch im nächsten kann er euch wahrhaft anhaltendes Glück bieten!

Sucht den heilsamsten Weg! Denn es muss ihn geben! Es ist jener Weg zu leben, bei dem kein anderes Lebewesen getötet wird oder gar leiden muss. Sorgen, Kummer und Zweifel belasten euch. Doch alles kann in den Pfad überführt werden. Selbst die schmerzhaftesten Gefühle können zu Katalysatoren des Dharma werden.

Ein gigantischer Berg an gutem Karma war nötig, um als Kind der Menschenwelt geboren zu werden. Eines nochmal besseren Karmas hat es bedurft, um in Kontakt mit dem Buddha-Dharma zu kommen. Ihr müsst in euch bereits enorme Güte und Weisheit besitzen. Glaubt daran und seid euch dessen sicher: ihr seid zu mitfühlender Weisheit geboren!

Gestrauchelt. Gescheitert. Versagt. Gestürzt. Das sind die Erlebnisse auf dem Bodhisattva Pfad. Es wird nicht auf Anhieb gelingen. Es braucht viel Zeit. Manchmal sind es Monate, manchmal Jahre und manchmal Jahrzehnte. Es kann auch viele Leben dauern oder sogar Kalpas bis es endlich gelingt.

Gebt deshalb niemals auf! Wer ohne Zweifel nach Bodhichitta strebt, wird heilsame Früchte ernten.

Wenn ihr versagt, dann nicht, weil ihr schlecht seid. Sondern ihr versagt, weil zu versagen ein Teil von Samsaras Spiel ist. Ja, ihr steckt in der Wandelwelt fest. Das ist eine Wahrheit, die es zu akzeptieren gilt. Aber vor euch wandelten auch Manjushri und Guan Yin in der Wandelwelt. Sie versagten genauso wie ihr viele Male. Sie wateten durch ein Tal grausamen Leidens, bevor sie zu den höchsten Stufen der Bodhisattvaschaft aufstiegen.

Wandelt durch die Welt auf die richtige Art und Weise. Überprüft jede Tat, jedes Wort und jeden Gedanken. Was erzeugt Leid? Was heilt? Wie es der achtfache Pfad lehrt: strengt euch vollkommen an, alles Heilsame zu fördern und alles Unheilsame aufzulösen.

Wie viel Güte könntet ihr geben? Wie viel Liebe steckt in euch? Fest steht: ihr könntet es vergrößern, wenn ihr Bodhichitta kultiviert. Vertrauen, Mitgefühl und Hoffnung sind heilsame Samen. Wo immer euch euer Lebensweg hinführt; diese Samen können euch schützen. Ihr könnt damit Segen spenden. Der Kern Bodhichittas ist der heilsamste Same. Lasst ihn wachsen, indem ihr tapfer auf dem Dharma-Pfad voranschreitet.

Die Menschen wundern sich, dass sie ein Problem nach dem anderen bekommen. Aber sie wundern sich nicht, dass sie nicht die Zeit investiert haben, um die Weisheit zu entwickeln, die diese Probleme im Vorhinein am Entstehen hindern würde. Aber es gibt diese Weisheit. Es gibt Wissen und Verstehen, dass Probleme am Entstehen hindert. Wundert euch also nicht über eure Probleme. Wundert euch über eure fehlende Weisheit. Fangt endlich an, diese Weisheit zu entwickeln!

Warum sich dem Oberflächlichen hingeben? Ihr wisst alle, es befriedigt nicht lange. Ihr wisst auch, es brennt euch aus! Was habt ihr davon, wenn ihr ausgehöhlte Stumpfsinnige werdet? Euer kostbares Menschsein brachte euch das Geschenk eines hochentwickelten Geistes. Die Tiere haben dieses Glück nicht. Wie verblendet könnt ihr sein, dieses Geschenk ungenutzt verfallen zu lassen?

Bodhichitta spricht mit erleuchteten Worten. Wandelt achtsam in euren eigenen Fußstapfen. Seht und fühlt sie voll bewusst. Spürt eure Worte, Taten und Gedanken. Nehmt jedes Detail an ihnen wahr. Erlebt sie in ihrer Ganzheit. Findet die kostbare Blüte in ihnen, die reiner ist als der Traum des Heiligsten. Es ist eine Blüte deren Name Bodhichitta ist.

Warum nur wünschen, dass alle Wesen von Leid frei sein sollen, wenn wir unser ganzes Leben in die Arbeit zur Erfüllung dieses Wunsches stecken könnten? Es gibt Frieden im Gehen, im Stehen, im

Denken, Reden und Tun. Pausenlos streben alle Bodhisattvas nach wahrem Frieden. Befreiende Bodhisamen findet ihr auf allen Wegen. Seht durch die Schleier des Weltgewebes. Euer Bodhi erwacht am Tag und bei manchen in drei Nachtwachen. Jedes Wesen trägt die Buddha-Natur in sich. Somit kann jedes Wesen erwachen; auch ihr!

Bodhichitta lässt euch frühmorgens lächeln. Es lässt euch strahlen am Tag. Euer gutes Herz zaubert selbst an eurem letzten Lebenstag ein Lächeln in euer Gesicht und geleitet euch heil in den Tod. Fühlt das Wallen eures Blutes und den Strahl der erleuchteten Kraft. Lebt mit dem Herz der Erleuchtung. Lebt mit Bodhichitta.

Der Weg zum Erwachen Anattas führt durch das Ich hindurch und nicht vom Ich weg. Ja, die Lehre Anattas ist eine der schwer verständlichsten, die uns Buddha gab. Sie ist aber eines der Wesensmerkmale, dass eine Lehre zum Buddha-Dharma macht. Nehmt euch Zeit diese Weisheit zu verstehen. Lasst euch Zeit diese Erkenntnis wirken zu lassen. Wenn euer Studium ernsthaft und tiefgründig war, dann wird die Realisation folgen.

Schaut euch nach guten Lehrern und Lehrerinnen um. Übt so viel ihr könnt. Lernt und strebt. Aber irgendwann wird der Moment kommen, an dem ihr genug gelernt habt, um selbst mit dem Lehren zu beginnen. Scheut euch nicht davor! Es ist ein

Privileg und es ist eine Pflicht. Erfüllt diese Pflicht zum Heil für die Wesen.

Leider sah ich viele, die fleißig geübt hatten und dann aus Angst nicht lehrten. Sie hätten so viel zu geben gehabt. Denn sie haben den Dharma ernsthaft verinnerlicht. Ihr ganzen Leben haben sie zu Dharma werden lassen. Also meine alten Dharmafreunde, warum wolltet ihr nicht lehren? Wir hätten so viel von euch lernen können! Wenn ihr soweit seid, dann fürchtet euch nicht. Ihr habt alles, was ihr braucht. Eure Zuhörer werden euch dankbar sein. Ja, Lampenfieber wird euch durchschütteln. Aber das ist normal und nach einer Zeit wird es sich sogar gut anfühlen. Fürchtet euch nicht vor ein bisschen Lampenfieber. Bitte missachtet nicht eure Pflicht zu lehren nur wegen falscher Scham. Geht raus und lehrt den Dharma!

Wenn ihr die jungen Bodhisattvas auf dem Dharmapfad belehrt, dann unterrichtet sie nach den alten Regeln, aber so, dass sie heute möglich sind. Denn wir brauchen Generationen an Bodhisattvas, die bereit sind, die Welt heiler zu zaubern. Die Welt wandelt sich unter dem Gesetz der Zeit. Der Kern des Dharma ist zeitlos. Aber er muss Wesen vermittelt werden, die von ihrer Zeit geprägt wurden. Passt eure Lektionen ihren Erfahrungen an und führt sie so auf den Pfad zur Befreiung.

Lehren und Lernen werden ab einem Punkt in eurer Entwicklung alles bestimmend. Ihr seid noch nicht erleuchtet. Also müsst ihr lernen. Ihr lernt aus den Schriften. Ihr lernt durch Erfahrung, aber vor allem lernt ihr von erwachten Wesen. Sobald ihr weit genug gekommen seid, ist es eure Pflicht zu lehren! Also lehrt mit Weisheit und Mitgefühl.

Der Pfad zum Nirwana scheint komplex zu sein. Es gibt viele tausende Methoden und Millionen Weisheiten, die ihr auf lebendige Art und Weise in euch aufnehmen müsst. Obwohl der Dharma so vielschichtig, komplex und über-universell ist, findet sich all das in den acht Gliedern wieder. Deshalb ist der Pfad zum Nirwana so leicht zu verstehen. Ihr müsst ihn nur noch gehen!

Vertraut den Buddhas und strebt nach allen möglichen Dharmalehren. Ihr seid hier angelangt, also wandelt ihr schon bewusst auf dem Pfad zum Nirwana. Ihr habt begonnen, also seid bereit bis zum Ende zu gehen. Das Ende bedeutet mehr als nur die Befreiung von all eurem Leiden. Ja, das Leiden wird mit Nirwana endgültig enden. Aber Nirwana ist so viel mehr als nur das Ende des Leidens. Es ist sogar mehr als die höchste Wahrheit der Welt. Seid bereit dafür. Ich verspreche euch, dass ihr fähig seid. Buddha ist mein Zeuge!

Danken wir nun gemeinsam. Lasst uns unsere Verdienste dem großen Streben nach Leidbefreiung für alle Wesen widmen. Danken wir unseren Lehrern und Lehrerinnen. Danken wir unseren Förderern, egal ob wir sie kennen oder nicht. Danken wir all unseren Dharmabrüdern und Schwestern. Danken wir allen Wesen, die mit offenen Herzen nach einer besseren Welt streben. Danken wir den Buddhas aller Zeiten und Welten für das Geschenk des Dharma. Lasst uns Zuflucht zu den drei Kostbarkeiten Buddha, Dharma und Sangha nehmen und unablässig unseren Bodhisattva Schwur erneuern.

Über den Autor:

Niemand lauschte
dem Nirgendwo
und erlangte Nichts